Erasmo Serretti, l'Artista Toscano

Studi sulla Cromoterapia 1955-2014

A cura di
Palma Di Bello Mingozzi

★I.R.D.A★
Edizioni

Collana Biografie

© 2014 Irda Edizioni

Lulu Press
3101 Hillsborough St.
Raleigh, NC 27607 | U.S.A.

ISBN: 978-1-291-98047-9
Info: www.irdaedizioni.it

Ordini:
www.amazon.com
www.amazon.it
www.lulu.com

Copertina: realizzata da Cristian Verdesca
Direttore editoriale: Francesco Luca Santo

"La mia Cromoterapia e la creatività che lascia trapelare da ben oltre 800,000 dipinti dal 1955 al 2014."

Dedicazione

Al mio fratellino Lorenzino

'*Dedico tutta la mia ricerca artistica all'immagine che ho nel mio cuore di un fratello piu sfortunato di me e che con la sua dipartite ha permesso in pratica a me di venire messo al mondo. A tutti coloro che ho conosciuto e che presentavano delle disabilita fisiche ed a cui ho regalato sempre tutto quello che ho; persino I puzzle che ho fatto.*"

Introduzione

"Nelle mie opere per poter esporare tutti quanti i paradossi tra gli aspetti affinerò della vita e la superba concretezza del mondo materiale".

Erasmo Renzo Serretti, l'artista Toscano, usa i suoi toni di colore e forme per poter sondare la consistenza e la infinita fragilità della materiale. Le sue forme semplici certosinamente sono realizzate per un mondo straordinario di magia. I suoi studi si dirigono nel cromoterapeutici visualizzando le opere di maestri da Rothko fino ad arrivare a De Kooning.

La sua pittura e come un grandissimo contenitore di sogni e di oggetti magici e popolari. Il mistero di Erasmo e definito in una infinita di quadri fatti con toni di colore e forme della sua memoria. Renzo va sempre alla continua ricerca di un particolare linguaggio che possa dare forma ad immagini interiori. E un nomade della Cromoterapia esposto per caso con i suoi ultimi lavori, dipinge i miti ed I luoghi della memoria collettiva familiare.

Partito dagli ambienti dello studio-laboratorio di Cronoterapia di via Renato Fucini,29 di Pisa ora si rifugia a casale Marittimo, sulla collina Toscana a 10 kilometri dal suo mare Tirreno dove e nato nel 1949 nella cittadina di Cecina, provincia di Livorno, Pisa.

Nello studio di Erasmo vediamo un mondo d'invenzioni e di sogni con le artiterapie.

Le sue narrazioni sono costruite con una vera cura maniacale ed in ogni dettaglio nascono nelle atmosfere luminose delle colline Toscane in quel di Casale Marittimo, Pisa.

Erasmo ha studiato ed utilizzato ogni tipologia di tecnica e di materiali, miti e riti ma in forma di favola. I suoi ultimi lavori in olio sono raffinati ed indicative delle arti terapie.

I suoi disegni sono l'equilibrio tra le emozioni dei pensieri e la mano che trasmette con toni di colore e forme dei linguaggi codificati della memoria con un tipo di stesura fluida omogenea ma sempre gestuale ed estremamente fantasiosa ed energizzante per poter fare fin dall'inizio da calmieratore dell'amore quotidiano ad una primissima visualizzazione.

L'Arte di Erasmo Serretti

Potrei dirvi del mio lavoro che si svela in un tipo di Big Bang nato in un grande studio e di continuo sperimentavo con toni, colore e forme, come per esempio alla sentita immaginata ricerca di un ciclo cosmico dell'arte della stessa mia vita,che appare un pochino in ogni mia composizione astratta, informale, concettuale, geometrica, industriale e dove assai spesso prevalgono le varie cromie della gamma dei rossi purpurei,con dei fondi di bianchi sporchi,che danno come l'idea di una pittura fatta di polvere di conoscenza ,che circonda le nostre emozioni come un significativo graffito in una decisa ed infinita prova a ottimodi suggestiva e certosinamente criptica, astrazione dinamica che cerca sempre di poter aprire con le mie illimitate chiavi di lettura.

Tutto mi Ispira! Da una foglia ad una conchiglia ad un albero che e nei miei dintorni. Ogni quadro e come un lungo e circostanziato viaggio dentro e fuori dell'anima. La mia arte fatta di sentimenti e pensieri mi rende felice e risolutrice di libertà. Il colore mi permette di poter intervenire energeticamente affrontando qualsiasi problematici che mi si presenti. Portando con la mia pittura tanta chiarezza nella ripetitiva quotidianità, ed osservo molto volentieri la mia arte attivando tutte quante le possibili forze risolutrici.

Mi nutro anche della bellezza dei colori che mi danno sempre un'estremità potenzialità che dimora dentro il mio corpo e la mia mente in maniera molto spesso inconsapevole mentre cerco di dipingere quel complesso inconscio collettivo con l'Espressionismo astratto in maniera concettuale ed anche informale. Pongo sempre la massima attenzione a tutto quanto quello che riesco a percepire o riguardo alla presenza ed alla attività svolta dalla Natura, che intorno a me e rigogliosa e coloratissima.

Ed allora dipingendo e come se incominciassimo a raccontare il modo in cui concepisco e percepisco i vari segni e simboli della creazione e la loro perenne radiazione energetica. È posso con ogni mio dipinto o disegno procedere nell'ordine che preferisco perché cerco sempre di descrivere l'insieme completo delle cose belle, pur tenendo presenti le svariate caratterizzazioni cromatiche in tutte le loro forme, e posso utilizzare tutte le tinte che sento appropriate alla mia personalità di artista.

L'energia di ogni colore si espande nella mia pittura come un vortice di fantasia che scaturisce sempre dal fulcro radiante dei ieri pensieri, ed ognuno di questi vortici si proietta nello spazio tramite i miei progetti artistici, determinando la mia personale riflessione relazionate con il mondo metafisico che deve essere rappresentato anche dall' infinita attività dei colori che come fasci di energia si estrinsecano dalla mia figura corporea alla tela od al foglio da disegno.

Fiorti di colori che vado assemblando in raggi, in vortici in sinusoidi, tracciando le propaggini energetiche secondo, la mia intuizione. Mentre dipingo tutto questo posso trovare pure le parole intonate al mio sentire pittorico. In questo caso le scrivo e le trasformo proprio in poesie dai punti piu adatti del mio creativo pensiero.

Parole e Pensieri - Erasmo Serretti

Più che invecchio e sempre di più la penso come l'artista Cesare Dullone. Cesare, il leone e nativo di Palmi, Reggio Calabria, nel 1955 entro la sua personale alla galleria Natalia Lavrentyeva, Milano, esposizione intitolata " Come farfalle ferite ", ha esposto una serie di opere recenti incentrate sul rapporto tra le immagini e le parole. Se non fossi un pittore come Cesare Dullone vorrei essere Caravaggio sapendo della sua proverbiale abilita nell' uso della spada. Direi che molto probabilmente l'arte nasce dalle mie precise e superbe esigenze di comunicare di cercare di farmi capire con le immagini invece delle parole. Penso che vengano molto prima le immagini delle parole, ma a volte mi intrometto anche con le parole scrivendo quello che intendo poi poter dipingere, dato che il mio stile comunicativo corre sui binari dell'espressionismo astratto informale concettuale e geometrico industriale.

Da giovane collezionavo opere d'arte poi ho avuto bisogno di soldi e nessuno le ha volute comprare allora ho gettato via tutto dalla necessità di avere materie prime al posto della cultura. Oggi pero capisco che esiste una grande necessita per l'arte. Tutto e importante nel creare un impronte bella nel mondo.

Non ho maestri, ma solamente tantissime fascinazioni intense, lunghissime fulminanti che non mollo fino a che ritengo di sapere quasi tutto su certi artisti e sulle loro opere. In ogni mio lavoro cerco sempre e solamente una specie di continua terapia che mi permetta di continuare a vivere cercando di migliorarmi in tutto e per tutto. Ogni mio lavoro nasce dalle idee per il bello pur non facendo il figurative perché uno dei miei fratelli, Franco Serretti, e talmente bravo, che non vorrei sciupare tutto quell ben di Dio di pittura figurativa moderna, materica spatola e pennello che e riuscito a creare molto prima di me essendo della classe 1931. Io quasi venti anni dopo mi considero quindi un figlio d'arte.

I regali che vorrei ricevere sono di poter incontrare tante persone interessanti per poter imparare da loro qualche cosa di piacevole. Oppure oziare in alta montagna nel silenzio piu assoluto, circondato dalle meraviglie che da 65 anni mi hanno regalato sempre tantissime sensazioni e solidissime soddisfazioni di immersione totale nella natura piu spettacolare che c'è' al mondo.

Le mie letture preferite sono la Mineralogia, letteratura, poesia, storia delle religioni, e botanica.

La cosa che so fare meglio e ascoltare la musica colta mentre dipingo oppure sedermi a dipingere in un caffe bar vicino la montagna. Il mio suono preferito sono le cicale durante le passeggiate nelle meravigliose pinete della provincia di Livorno. Oppure il verso del chiurlo un melodico grido di battaglia nel mio piccolo paese di collina in provincia di Pisa.

16

Le mie tre cose indispensabili, un taccuino ed una penna a punta fine per poter scrivere, osservare in santa pace l'orizzonte perdersi in un bar di una grande citta sconosciuta.

Descriverei il mio lavoro in tre parole: Certosinamente Gestuale, Riflessivamente Istintivo e A-Temporale completamente. Mi descrivo in tre parole, meglio in quattro e sono sconosciuto a se stesso. Quando dico che non mi conosco mi riferisco a cio che viene fuori dalla mia pittura, come se i toni di colore e le forme mi parlassero degli episodi dissociativi e deliranti di tanta gente di cui ho letto ed a cui e insorto bruscamente e poi si e dileguato in un mese per alcuni e per altri come tanti pittori che ho studiato.

Ogni santo giorno dipingo se ne ho voglia fino allo sfinimento di fantasia circa piu di 2,500 dipinti ma poi quando sono completamente asciutti li riprendo in mano molte a volte preso dalla bramosia e generosita di poterli sempre migliorare.

La mia e una pittura che cerca sempre di potersi mettere in sinfonia finissima e di alta qualità energizzante con le arti visive, la danza, la musica, l'attivita teatrale, il raccontare storie, il folklore, e le maschere. Cominciai a fare cio che era necessario con toni di colore e forme. Poi continuai con cio che era possibile. Ma non sapendolo all' improvviso verso i dodici anni mi sorpresi a fare anche l'impossibile. Nelle mie opere

17

cerco sempre di poter esplorare tutti i paradossi tra gli aspetti effimeri della vita e la concretezza del mondo materiale.

Cerco solamente di stare piu attento che posso a quel mondo che so eh e reale ma a me non mi è mai toccato niente di niente. Fin da ragazzo sapevo che sarei pian pianino diventato un'artista in una forma o nell'altra. Tutte le cose che facciamo con il nostro poter dipingere in comodo in se sono molto banali. E l'esperienza credi che poi ne facciamo in seguito a trasformarle in Straordinarie. Io per esempio penso sempre alle persone con delle disabilita fisiche forse perché il mio fratellino Lorenzo poi da grande e morto per una paralisi progressiva.

Passione oltre ogni limite il mio studio e la sperimentazione artistica che ho fin qui svolto in una poderosissima raccolta di opere cromoterapeutiche. Il privilegio dell'arte e sempre quello di poter rendere tutto contemporaneo. La mia Irti orme pittore forse consiste in questi ultimi miei casi dipinti, nell'aver concentrato la mia attenzione piu di chiunque altro su tutta una serie di simbologie antiche come il mondo.

Ma io cerco sempre di rinnovarmi od almeno mi illudo dolcemente di poterlo sapere ancora fare. Prima che l'alta memoria della poetica dei colori debba ricorrere all'ausilio dei ricordi e delle testimonianze in cui l'insieme delle cose scolora ed il suo segreto consiste nell'aver trasferito nella viva presenza del mondo il sortilegio della vocazione.

Pensa che con la fantasia che possiedo non riesco a lavorare su di un dipinto senza partorire mentalmente anche varie forme simili migliorative per altri che discernono da quello che sta per nascere. La mia tecnica credo che stia pian pianino diventando veramente vertiginosa.

La disposizione verticale dei miei dipinti mi sembra che accentui sempre le varie impressioni di solitudine ed a volte anche di desolazione come sta andando l'economia e la cultura in generale.

Cerco di poter dipingere dei piani naturalistici disposti su di una visione a due convincimenti del creare. No, mi sembra gia parecchio che conosco a menadito l'arte eppoi ci sarebbe pure il piu complicato che si chiama Optical Arts. Tante delle mie opere sembrano degli intrighi di rami di un bosco che e disposto a coprire l'ascesa che sembra poter simboleggiare gli aspri cammini della conoscenza umana diciamo una gazza.

I miei toni di colore che nel suo imporsi sul bianco ruvido dei fogli da disegno per potersi ergere contro degli sfondi grigi come di brevi orizzonti. Pare ammonire sui misteri della natura di quei Nemus come se fosse il bosco sacro della piu ricca tradizione Italiana/Romana che crea un brivido di presenze ultraterrene.

La mia Cromoterapia e la creatività che lascia trapelare da ben oltre 800.000 dipinti dal 1955 al 2014. Ogni pittura ha uno stile naturale ogni dipinto in olio o acrilico di 20x30 centimetri.

Questi dipinti sono tutti nati dall'ascoltare la musica lirica in cuffia mentre disegnavo a lapis e gomma da cancellare con un semplice curvilinee delle scuole medie. Ma ogni tanto mi viene di spiegargli le pieghe della loro pittura sul fatto delle cromie, ma ci terrei ad essere considerato come pittore prima che sia troppo tardi.

Ascoltavo tutti i classici prima che morisse Pavarotti, poi mi sono visto tutti i video di forte dei marmi con Bocelli, eppoi ho studiato la quarta dimensione di Bill Viola, leggendo tutte le sue cose sul suo sguardo sul mondo.

Ho visto tanti video usati per sondare ed esplorare il fenomeno della percezione umana. In riferimento agli strati piu profondo della coscienza. A volte quando dipingo mi sembra di essere intelligente e quasi speciale! Niente di piu sbagliato perché allora quella sensazione subdola rischia di farti sentire gia appagato di te stesso. E cio che del mondo lasciamo entrare nelle nostre interiorità.

Ogni uno di noi lavora e capisce solamente attraverso i filtri che babbo e mamma gli hanno inserito nel D.N.A. Codesto lo dicono tutti anche su Facebook a meno che non siano piu attenzione di quello che penso. Io dipingo solamente le immagini che mi si depositano innumerevoli nella mia memoria lucida e sensibile e quindi rischio mio borderline ogni volta che creo e m'innamoro di quello che faccio nascere da un supporto anonimo e bianco.

I miei lavori sono semplici simboli, metafore visive della mia mente di congegnatore meccanico e niente di piu. Sono

20

stato programmato ed istruito perché da un pezzo di ferro sono capacissimo di fare un bullone con il relativo dado e riparella. Tutto qui un'operaio che ama il bello, quindi è come essere ridicoli.

Basta la consapevolezza che vuoi migliorare la tua fantasia nel liberarla e non giudicare I primi sforzi della tua creatività perché arriveranno tanti e diversi momenti step by step.

Dipingo senza alcuno sforzo oramai e come se avessi dato vita ad ogni tipologia di ricerca fantasiosa, tecnica e concettuale. Mi piace tantissimo dipingere travalicando sovente epoche storiche e culture. Ho letto che una delle caratteristiche degli esseri viventi e di possedere molti tipi di IO.

Un io e un ego

Cioe di entità assai. Oltre plichi fatte di movimenti tremendamente contraddittori ed anche capacissimi di infinite trasformazioni all' istante, credo anche che sia la cosa piu eccitante per un'artista. Il materiale grezzo di un pittore non sono i pennelli, le spatole ed i colori. Ma il tempo e l'esperienza stessa unisce alla sensibilità. Diciamo pure che il vero luogo dove esiste l'opera d'arte non e la superficie dipinta ma la mente ed il cuore della persona che la osserva.

C'e in atto un fantastico cambiamento epocale. Le opere sono come collocate dentro a dei contenitori ampi ed intesi come delle identita differenti. Ma in cui la cosa strana e il paradigma opera-osservatore, intesi come distanze dialogiche.

Silenziosamente incolmabili e quella che chiamano Rapporto Unidirezionale.
L'interesse degli artisti si sta rivolgendo quindi sia verso l'essere umano che si pone di fronte alle sue opera, e sia verso i loro paradigm protagonisti, spesso fisicamente al centro dell'idea come se fosse l'obiettivo. Oggi viene sempre di piu usare dei simbolismi complessi e collegati direttamente a diverse epoche della storia dell'arte. Questi lasciano intuire gli sforzi dell'artista, di esprimersi con un suo linguaggio in grado di ricollegati tanto alla tradizione classica occidentale che orientale.

Nomi, simboli, immagini delle culture antiche che mi passano di continuo sottomano. Alcuni temi vari alle tradizioni pittoriche europee, medievali, e rinascimentali. Dipingendo o come la netta sensazione che si possa come uscire da una vita per poter entrare in un'altra che preferiamo. Allora e come quando ci si sveglia da un sogno, per poter entrare in una specie di stato di sveglia.

In quale dei due ci troviamo?

L'atmosfera e un Reflecting Pool, che e una video installazione datata 1977 si ricollega ad una possibile metafora dell'inconscio. Un uomo indugia a lungo lungo i bordi di una piscina che e circondata da un fittissimo bosco verdeggiante, ma la superficie della piscina e opaca, quasi torbida e melmosa, non invita ad un bagno rilassante ma piuttosto ad un certo coraggio nel tuffarsi.

Forse soffrire ed avere paura potrebbero essere dei validissimi imput creativi?
Credo che sia ovvio che l'arte sia magia, forse direi che e l'unica cosa che continua a sostenerla. Colori a mani nude pescando dalla mia tracimante ed irrefrenabile che sono pachidermici fantasia.

Cerco di mettere ordine nel mondo, organizzandosi con un complesso linguaggio di simboli presi a prestito dalla meccanica e dalla matematica. Le anime perdute tra forme e colori mnemonici che iniziano ad attirare l'attenzione su come dipingere con performance realizzate in stato di ipnosi in una serie di seminari sulle Artiterapie per conoscere e curare se stessi.

La materia avvertita nell'intero percorso plastico di Erasmo e sempre scandito da una rivela notissima abilità annuale, che incontra la sua massima esaltazione, ogni qual volta si trova al cospetto di una certa forma da poter rivelare. La pittura sospesa dai toni di colore e dalle forme che si possono incontrare tra la terra ed il cielo.

Il modo in cui siamo abituati a vedere e selettivo ossia persegue punti d'osservazione che scegliamo automaticamente in basi ad inclinazioni ed abitudini. In questo modo creamo la visione personalistica fermando lo sguardo su singoli oggetti che hanno per noi una maggiore attrattiva, sia in positive sia in negative, secondo motivazioni che sono perlopui, inconscie su questi oggetti, figure riconosciute dalla mente riflettiamo le storie che ci raccontiamo su noi stessi e sul mondo.

La vista dell'Io non puo che funzionare in questo modo discriminatorio. In verita ogni momento e l'accadere della realta multidimensionale ed armoniosa che esprime una sorprendente ricchezza trascendendo le attribuzioni formali. La pittura astratta puo fluire con sinchronica rispondezza con cio che e al di la della logica interpretativa. L'anima e incline a riconoscere il proprio ritmo e le spazialita libere e meditative che le sono afini mentre l'arte figurative e sempre in qualche modo fissata.

Plasticamente la pecoliarita della pittura astratta e quella del movimento annuncia profondita.

Un quadro astratto mutua continuamente sotto I nostri occhi e ampia il nostro sguardo, normalmente attirato dall'univocita bisuale in esso possiamo scoprire luoghi nuovi segreti dell'anima. Fioriture di mondi eterici che si schiudono gli uni negli altri essendo magicamente concatenate. Per l'artista si tratta di un cammino senza rete, sul filo sottile dell'ispirazione di un viaggio incognito, la cui maestria e totalmente affidata alla cura testimonianza dell'accadere. Quando dipingo, inizio fluendo liberamente con onde di colore sulla tela.

Questa fase preparatoria che puo durare anche a lungo corrisponde al progressive svuotamento della mente. E nello stesso tempo all'immedimezzazione sensitiva e impersonale da cui e scatenata l'ispirazione. Mi accorgo che ogni mia pennellata e fuori luogo e sciupa il dipinto. Il lavoro e sopratutto una retificazione che continuamente mi porta nel centro silenzioso della pura visione vanificando il sogno ideale. Si entra ad un tratto, ad una sopensione da cui prima innocenza sgorga l'opera. All'improvviso e un momento davvero magico. Simile la freccia scocca da sola, quando fiorisce la meditazione ed il quadro si manifesta non c'e alcuna distanza fra l'artista e l'opera.

Piu nessuna incertezza, ed un mistico riconoscimento, la creazione di una pittura astratta presuppone un sentimento superiore altrimente facilmente, si decade in superficial decorativismo, oppure si precipita nel caos. Infatti nell'astrattismo, il tessuto pittorico trascende l'attenzione connettiva che e data da racconto logico e convenzionale. Dalle forme esso acquisice fluidita, ma non deve impenire molle ben di subliminarsi ed ascendere. La sostanza molle subisce l'effetto della gravita e cede proprio peso invece se e presente come potenza dell'anima il fuoco dell'ispirazione esso arde la ristrettezza e il materiale artistico puo sublimarsi in spirali leggere che salgono fino al cielo credo che in nessun altro tipo di pittura sia cosi indispensabile.

L'attitudine meditative in effetti, nessun pittore puo farla ma deve entrare profondamente in se stesso sino a trovare il fremito luminoso che e al di la delle maschere dell'ideazione creative. Inmedesimandosi in quel palpito in quella segreta corrente di vita egli si presta ad operare nel flusso lasciando affilandosi totalmente all'artista interiore che e dentro a tutti quanti noi. La mente non puo riconoscere questa pittura fatta di miraggi, nebulosita e di rispendenti, e di ancestralita. Spesso esercitando una convenzionale immaginazione, le persone cercano comunque di trovarvi significati Mondale, ed anche agganci figurative. Come accade con le macchie di Lusquez, ma e solo un gioco spicologico che manca il bersaglio, non che una difesa.

Un quadro astratto nato da una profonda meditazione e pervaso da un'armonia palpitante. E come un fiore che invita sensi piu sottili, incantandoci con l'invisibile fragranza e con petali tinti dai raggi della vita. Esso ci seduce al silenzio e da la gravita testimonianza del sentire se ci sente semplicemente disponibili. Puo rapirci in noi stessi con rara sincronicita, arpeggiando la propria canzone sulle corde riconoscenti dell'anima.

Le Mani del Artista

Fin da bambino sono stato affascinato dalle mie mani, questi organi cosi straordinari con i quali possiamo creare, sentire, accarezzare e toccare. Le mani dicono sempre tantissimo di noi, ed hanno sistematicamente a loro atavica saggezza. Penso che le nostre mani, sono cosi diverse tra loro ed esprimono decisamente sempre e con estrema chiarezza le polarità delle nostre infinite energie creative. La mano sinistra e femminile, sensibile, simoorge a poter ricevere e rimane in qualche modo testimone dei nostri processi quotidiani. Eppure ha una grande forza e sorregge con ferma grazia l'agire. Penso e ritengo che in fondo ogni vero artista abbia come un rapporto privilegiato con le proprie mani. Ed impari anche moltissimo da loro, ma ho pure riscontrato che molte persone ne rimangono distanti.

Usando le comune meccanica indifferenza credo anche che poter approfondire la consapevolezza di questi bellissimi organi consenta una migliore conoscenza di noi stessi. Ed anche lo sprigionarsi di un piu potente flusso creativo. Per questi motivi ho creato tantissimi e particolarissimi dipinti come se fossero degli esercizi.

La mano Destra

La destra e dinamica, volitiva e maschile, prende e modifica pervasa com'e dal fuoco trasformativo dell'intento. E quando dipingo tutto e quanto mai evidentissimo. La mano che regge la tavolozza dei colori e immota o pare immota, ma nell'accorgersi rivela una danza misteriosa che segue e silenziosamente supporta lo sviluppo pittorico. La destra si rende protagonista sprizzando energia e colori, e velocissima e non ha ripensamenti di sorta. Ma a ben sentire, rimane in connessione con la testimonianza della sinistra e quindi da cio trae sagezza.

La mano Sinistra

La mano sinistra e femminile, sensibile, simoorge a poter ricevere e rimane in qualche modo testimone dei nostri processi quotidiani. Eppure ha una grande forza e sorregge con ferma grazia l'agire.

Con la mano sinistra che e assai ricettiva ed anche senziente possiamo effettuare in un'altro modo le letture energetiche di ogni quadro. La connessione con il cuore e sempre fondamentale e con il palmo della mano allora accarezziamo molto lentamente l'aura di ogni dipinto. Ma teniamo la mano a circa otto centimetri dalle superfici delle opere.

Successivamente possiamo giocare anche ad aumentare oppure a diminuire accorceremo la distanza ovviamente a seconda delle dimensioni di ogni dipinto. Accorgiamoci quindi di ogni sensazione che sia percepita dal nostro palmo della mano ed anche l'insorgere, dell'insorgere di ogni emozione se procederemo con estrema lentezza e con sufficiente attenzione. Sentiremo e molto chiaramente i luoghi in cui l'energia e piu addensata. Ed ad altri in cui invece e piu fluida forse anche dei cuori o delle inaspettate asperità. Si possono anche percepire tante sensazioni come di elettricità. E quindi naturalmente anche di calore perché e risaputo da tutti che il passaggio della corrente elettrica produce calore. Oppure al contrario manche di frescura. E addirittura di punture di gelo. A questo punto chiudendo gli occhi possiamo dare maggiore profondita ed inorganicita alle improvvise impressioni ricevute.

La mano sinistra ci aiuta a respirare l'insondabile Arcano dell'Anima.

Cromoterapia – Concetti e Colori

L'incanto della Cromoterapia

La cromatica terapia
Ristora la mente
Converta lo stress in energia
Aiuta con stressi nel passato

Leva ansia e paure
Detossica e aiuta il sistema linfatico
Aiuta a rigenerare le cellule
Bilancia la mente e tutto il corpo
In armonia con il femminile ed il maschile
Apre l'anima.

Mi chiedono in continuazione di raccontare le notizie che ho studiato sui colori. Vien creduto da molti professionisti che I colori hanno molte beneficienze specifiche sulla persona. Usando ogetti di un particolare colore, oppure scheme di colori di pittura e immensamente beneficiale al ristauro dell'aspetto fisico, mentale e spirituale. Rispondiamo ai colori, e una reazzione naturale. I colori sono efficacy nel umore, ed anche second I nostril processi mentali, essere esposti ai colori e estremamente importante nello sviluppo dei neonati. Viola e verde sono calmanti, mentre il rosso e invigorante. E importante sapere che la cromoterapia aiuta per le malattie mentali. I colori alleviano lo stress. La Cromoterapia cambia il nostro stato mentale ed il nostro stato fisico. Questi cambi influenzano le nostre emozioni, bilanciando le nostre energie e ristaurandoci la salute. I colori sono immediatamente riconosciuti dal nostro subcosciente ed influenzano le nostre energie corporali. Semplicemente pensando ad un arcobaleno ci rende felici.

La cromoterapia viene usata in varie condizioni, includendo depressione, ansia, stress, micranie, dolori, fatica, diabete, pressione alta, asthma, tosse e tante altre condizioni.

Il Fantastico Mondo dei Colori

Nero

Il Nero e non colore che assorbe la luce, non rispec-chiando alcuna frequenza, l'energia e trattenuta nel suo manto scuro, ma essa pur precipitate in una non manifestazione germina in segreto la rinascita. Cio ricorda l'evento cosmico della Luna nera. Il colore che assorbe tutta quanta la luce non rispecchia nessuna frequenza. L'energia e trattenuta nel suo grande manto scuro. Pur precipitate in una non manifestazione, germina comunque in segreto la rinascita. Ricorda tutti quanti gli eventi cosmici, quelli della Luna nera. E il colore dell'interno grembo della Madre Terra, il sepolcro di ogni tipologia di forma. Ma e nello stessissimo tempo, totalmente fecondo di generazioni infinite. E il colore assente che cela tutto quanto cio. Non riusciamo mai a vedere. E lo schermo sul quale proiettiamo le nostre paure di tipo atavico. Dell'infinito perche e sfuggevole ad ogni tipologia di controllo. Eppure e anche il sonno, quello senza sogni. L'oblio del nostro esistere. Che pero riesce sempre a poter ricreare le nostre forze.

Il nero e il colore interno del grembo di madre terra, sepulcro di ogni forma. Ma fecondo di generazione infinite, e il colore assente, che non riusciamo a vedere, lo schermo su in cui proietteriamo simbolicamente.Simoblicamente, corrisponde all'elemento Terra. All'Ovest, in cui si spegne il sole, al sud, al pianeta Saturno, al primo Chakra.
Gli aspetti in ombra sono depressione, Isolamento e negativita.

Oro

Oro e il colore archetipo che rappresenta la massima valenza Yang. Esprime le qualita del principio Universale maschile. Queste sono infuse in modo di manifesto, nel bianco in modo manifesto. Il Giallo Innalza il potere solare ed archetipo spirituale. Illuminado dall'alto ogni caratterizzazione Yang dei colori. Manifesta la regalita della luce. In ogni livello dell'essere, suscitando energia e saggezza, estasi e illuminazione.

Argento

E il colore archetipo che esprime la massima valenza Yin. E la sublimazione delle caratteristiche femminili del bianco. E un catalizzatore astrale, segretamente alimenta ogni aspetto Yin dei colori. Simbolizza la potenza lunare, e animico, e la magia del riflesso e il cordone d'argento che unisce le anime al corpo.

Rosso

Il colore rosso e il colore del fuoco vitale che tinge il sangue, le passioni, l'esplosione dell'azione irrefrenabile. E attivo e pulsante come uno sfrigolante lapillo. Riscaldante e rigenerativo. Risveglia dal torpor lottando contro ogni costrizione. Il rosso e agente come forza affermativa impulsiva. E non mediabile pero puo percorrere una ascesa sacrificale che culmina nel magenta. Colore primario corrisponde all'elemento fuoco, al sud, al Pianeta Marte, e dal primo Chackra.

Secondo la cromoterapia e benefico per la base della spina dorsale, le gambe, anche prostate. Organi genitali maschili, circolazione sanguine, in oltre e unificante per il sistema immunitario. Favorisce il radicamento ed il movimento. Oltre ad il movimento fisico, e anche riscaldante. Se dipingiamo un rosso vivo, sprigioniamo energia vitale, impulse attivante, potere di commando, forza maschile, volonta creativa, autodeterminazione, liberazione, passionalita, potenza sessuale, nobilta d'intento e sacrificio erotico.

I suoi aspetti in ombra sono aggressivita, conflitto, violenza cholera, asservimento passionale.

Se dipingiamo invece con il rosso scuro, fuoco femminile interiorizzato, radicamento, rigenerazione tenacia, purificazione dal passato, iniziazione misterica, lealta, ritualizzazione sessuale, sacrificio rigenerativo.

Ed I suoi aspetti in ombra saranno sofferenza, impotenza ed inclusione.

Arancione

E' un colore secondario, formato e adottato dal rosso e dal giallo.

La sua energia e quella dell'alba, quando sorge la luce solare, ed il mondo si mostra nella varieta delle forme. Il soggetto scatturito dal'impulso vitale del rosso. Prende coscienza di se attraverso I sensi e nello stesso modo si confronta con cio che lo circonda. L'arancione da tinta al sentimento viscerale che sperimenta la vita attraverso l'istintiva attrazione o repulsione. Stabilendo gli ambiti del piacere. E un colore che tocca con un espansivita piena e sensuale. La sua sensualita e un metodo di percezione e di conoscenza, che assapora per discernere, e pero anche fortemente introspettivo.

Tanto che in Oriente Sianasene portano tradizionalmente la veste arancione. Simbolicamente corrisponde all'elemento fuoco, ma visto come espansione fluida ed autocosciente delle energia, al pianeta Mercurio, ed al second Chakra. Secondo la Craumaterapia e benefico per l'apparato dirigente, il fegato, e reni.

Si utilizza per problemi, per la nutrizione, per favorire l'assimilazione, per stimolare la sessualita, ed allentare le inibizioni. Per trattare teraupicamente depressione in casi di shock. Se dipingiamo con l'arancione chiaro, esprimiamo il potere vitale, l'espansione della saggezza, quella viscerale, il sentiment di se, l'emozione creativa, la pertecipazione ed il piacere sessuale.

I suoi aspetti in ombra sono l'eccessiva emotivita, la ricerca d'attenzione, il controllo, l'accentramento, la seduzione, come potere di manipolazione.

Se dipingiamo con l'arancione scuro, la reintegrazione emozionale, il superamento dello shock, la nutrizione, la gestazione, l'immedesimarazzione, il piacere sensoriale, l'introspezzione.

Gli aspetti in ombra sono la dipendenza emozionale, l'energia appiccicosa, ed il vittimismo, ed infine la rinuncia.

Giallo

E un colore primario che schizza associato al folgore del sole. Focalizza l'energia ed irradia una carica vitale che e immediata, elettrica e fortemente dinamica.

Il giallo crea un nucleo protagonista che influenza, trasforma e riorganizza cio che lo circonda in un certo senso rispecchia l'autonomia e la volonta cosciente dell'Io. Capace di gestionalita e lavorazione e trasmissione, simbolicamente corrisponde all'elemento fuoco. All'est, al sole ed al terzo chakra.

Secondo la Cromoterapia e benefico per l'apparato gastrico, il sistema nervosa simpatigo, le ghiandole surenali, il pancreas, inoltre stimola la capacita mentale di concentrazione, la decisionalita e la vitalita in generale.

Se dipingiamo con il giallo brillante esprimiamo potere creative, la trasmissione energetica, la trasformazione, la forza di proiezzione, l'inteletto, la vitalita communicativa, il potere mentale ed infine la saggezza.

Gli aspetti in ombra sono l'egocentrismo, la volonta di potenza, la tirrania, il nervosismo e l'insofferenze.

Se dipingiamo con il giallo spento esprimiamo la riflessivita, lautoguarigione, la sicurezza, l'assimilazione.

Gli aspetti in ombra sono confusione, manipolazione, gelosia, esaurimento ed infine la malattia.

Verde

Il Verde e un colore secondario formato dal blu e dal giallo. Esprime la forza generativa della natura ed il potere vivificante del corpo cosmico della Madre Terra. Il mondo e il teatro in cui si confrontano spesso dramaticamente gli opposti, ma il verde tende comunque all'equilibrio, creando uno spazio di accoglienza, in cui le forze possano compenetrarsi. La sua energia si distende come la vegatazione che ricopre il pianeta offrendo una visione panoramica, e favorisce la comprensione e l'abbraccio confortevole del cuore. In moltissime culture la Dea verde, detiene le chiavi misteri della natura ed il segreto della vita e della morte essa e generatrice e preservatrice di tutte le forme. E maestro del intrinsica saggezza dei cicli naturali che sono la riflessione terrena di cicli cosmic inscindibili ed invisibili. Corrisponde all'elemento terra, al piano orizzontale del mezzo, al pianeta Venere ed al quarto Chakra.

Secondo la cromoterapia il colore verde e benefico per il sistema immunitario, per I polmoni, per il cuore, per la ghiandola timo, per la pelle, per le braccia ed e fortemente rilassante ed e rigenerativo.

Se dipingiamo usando il verde chiaro, sprigioniamo delle parole, rigenerazione, sviluppo, cooperazione, benessere, prosperita, e spazio vitale.

Gli aspetti in ombra in questo caso saranno, superficialita, invidia, giudizio e visione ipercritica.

Se invece adoperiamo il verde scuro equilibrio, stabilizzazione, memoria ancestrale, amore per la natura e guarigione.

Gli aspetti in ombra in questo caso saranno la diffidenza, la corruzzione, la negazione del proprio spazio e la pigrizia.

Rosa

Il rosa e un colore secondario, nasce dal rosso congiunto dal bianco. La passionalita degna schiarita e sublimate nella luce impersonale, fiorisce nel senso d'intimita nella reciprocicita e nella compassione. Infatti questo colore trascende la forza compulsive dell'energia vitale. Con un rilassamento che e pregno delle virtu leggera dell'amore, l'allievita, la fiducia. La tenerezza ed il prendersi cura pure esso manifesta una sottile quanto intense sensualita che si esprime con feminia attivita, scoprendo il piacere di lasciarsi andare nell'altro. Nel rosa scopriamo il fuoco vitale che arde al di la del ceppo della personalita auto riconoscendosi nel cuore di tutti gli esseri in cui si attualizza la reintegrazione dell'amore incondizionato. Simbolicamente corrisponde all'elemento fuoco ed anche all'acqua, al piano umano ed al quarto chakra.

Se adoperiamo il rosso pallido, lavoriamo su delle parole, come lievita esistenziale, celebrazione tenerezza giocosita, fiducia, sincerita, amore incondizionato e sensibilita.

Gli aspetti in ombra in questo caso saranno, la debolezza, leccessivita, la vulnerabilita, e l'infantilismo. Se invece adoperiamo il rosa carico, lavoriamo su delle parole, come compassione, ascolto, servizio immunitario, guarigione sentimentale, servizio umanitario e in questo caso in ombra saranno le ferite del cuore.

Il Turchese

Nasce dal verde, quello con il blu, quello celestiale, con la mediazione chiarificatrice del bianco.

E' una tinta pastosa di forte densita energetica ed ha il carattere forte ed insieme gentile, invita a vagabondaggi preziosi, nei territori dell'anima, aiutando ad elaborare momento per momento la cognizione del percorso. Infatti e il colore del viandante, del pellegrinaggio ispirato dentro e fuori di se stessi.

Il turchese e pure la torre dei messaggi e d'ispirazioni che intendono acquisire corpo come nell'arte congiungendosi all terra, al nucleo celestiale. Il turchese inventa prospettive nuove praticando la sublime e leggera saggezza del lasciare accadere, in cui si puo imparare dall'agire in totale innocenza dal fare coi che s'ignora, fino al momento dell'azione, cosi questo colore e il sintomo, e il dono della vera fiducia creative, della scoperta dei talenti personali e della libertarian communicative.

Simbolicamente il turchese e originato dal reciproco rispecchiarsi, dalla terra e del cielo corrisponde anche agli elementi Aria ed Acqua.

La sua vibrazione attiva l'annanda conda chiamata anche Chakra 4 e mezzo che amministra il potenziale dell'amministrazione di massa e il colore sacro dei Nativi Americani. Turchese significa fiducia creativa, nuove prospettive, aperture spirituale, innocenza, communicazione, ispirazione.

Azzurro

La gamma degli azzurri nasce dal blu rischiarato dal bianco, la consapevolezza spirituale del blu ultra mundane e sicerale, si avvcina alla terra, discendendo atrmosfere di rare fatte trasparenze, sono tinte leggere e vibratili che aprono la visione sui sogni e sulle rivelazioni, quelle che accompagnano il rostro destino in esse. Come in acque cristalline o nel cielo senza nuvole traspaiano profondita sottili ed arcane che dilata-

no l'ordinaria. Quando l'immedimisazione questi spazi sublimate dischiude la nostra ricettivita, il cielo puo rifletters nella
trasparenza dell'anima, ispirandoci con un'elevata sensitivita.
Questo colore azzurro corresponde simbolicamente al pianeta
Nettuno. Algi elementi aria ed acqua, ed al quinto Chakra, in
esso traspare anche il ricordo ancestrale delle civilta mitiche
Atlantidie e Le Muria.

Secondo la Cromoterapia e benefico per le prime vie
respiratorie, per il sistema endocrino, per il metabolismo, per le
tonsille e rinfrescante e ritemprante. Allegerisce l'animo e favorisce la communicativita.

L'azzurro chiaro significa, ispirazione, ascolto spirituale, amicizia, positivita, channeling, chiarezza intuitive,
I suoi aspetti in ombra sono il disorientamento, sognare ad occhi aperti, la vaghezza, la tendenza ad idealizzare.

Se lavoriamo con l'azzurro intenso, significa creattivita
artistica, communicativita, lungiviranza.

In questo caso gli aspetti in ombra saranno la difficolta
d'espressione, il rifugio in un mondo privato ed infine
l'avvelimento.

Blu

E un colore primario, simbolizza il cielo interiore, la
vastita siderale dell'anima cosmica, vivificate da bagliori stel-
lati e coscienti. Il blu ha un tessuto cromatico profondo e rare-
fatto, ed impalpabile che lascia intuire la presenza interiore del-

lo spirito. In tutte le culture, ha una valenza sacrale, che esprime la paternita divina anche l'abbraccio della madre Universale. In verita nel blu il padre e la madre respirano in un silenzioso e trascendente amplesso originando l'amore divino. E senza tempo che e la profonda motivazione della creazione riconoscendoci figli di questo mistero possiamo ricevere le ispirazioni che pur nei disorientanti labirinti della vita ci puo rivelare la strada dell'eterno ritorno. Il blu c'invita alla meditazione ed alla contemplazione, espandendo l'anima in una trascendente pienezza che supera l'illusione della transitorieta con la consapevolezza della nostra cosmica appartenenza.

Il sentimento ancestrale dell'unita e della protezione spirituale simbolicamente corrisponde all'elemento aria, al sopra, ai pianeti Giove e Venere, al Nord, spirituale, ai Chakra che vibrano su questa frequenza, sono il quinto ed il sesto. Secondo la cromoterapia e benefico per il sistema nervosa centrale il sistema endocrine. La tiroide, la giandola pineale, al mante disinfiammante, reintegrativo. Si utilizza anche per infezioni di variotipi. Per disturbi del sonno, per le micranie e per le infezioni di variotipo. Il blu luminoso significa consapevolezza, meditazione, ispirazione spirituale, ed aiuto spirituale. Gli aspetti in ombra sono deresponsabilizzazione, rinuncia alla ricerca e pigrizia mentale.

Se dipingiamo invece con il blu scuro significa integrazione ordinamento superiore, pace protezzione.

Gli aspetti in ombra allora saranno la malinconia, la cupezza ed il soccombere alle autorita.

Indacopervinca

Queste colorazioni nascono dall'incontro con luce. L'azzurro con il violetto sono sfuggevoli all'ordinaria percezione. Sembrano rare falsi di un elettrica nebulosita che porta lo sguardo a perdere il fuoco. Infatti ci sfidano a guardare oltre l'apparenza insegandoci che nulla e come sembra e che in ongi cosa si scela il mistero, sono cosi volatile che appaiano piu percettibili come onde che come corposita cromatiche inclinano l'anima ad un soffice sospiro, nostalgia che barca i limiti del conosciuto dove possiamo sperimentare il soffio leggiero della quinta essenza avvicinano le lunge miranze evocando miraggi sapienti che appaiono nei deserti della personalita arresa insegnadoci l'apriti Sesamo che dischiude il sacrario interiore. Indaco significa intuizione, rivelazione, il sorriso dell'anima. I suoi aspetti in ombra sono l'irrequietezza animica, l'incapacita di concentrazione.

Pervinca, nutrimento sottile, comprensione del proprio destino, I suoi aspetti in ombra sono senso di neguatezza, scolamento spazio temporale.

Viola

Viola e un colore secondario che trascende il fuoco vitale del rosso stemperandolo con la frescura priva di passione del blu.

Questo colore dissolve la realta illusioria de divenire in una strata consapevolezza storia dell'avvenire atemporale. Nella commedia della vita e una vertigine che disperde gli artifice e che ci insegna la non identificazione con cio che passa.

Il viola custodisce piu profondi ed esoterici segreti dell'anima frantumando gli specchi insincere dell'illusione.

Il viola e un colore al quanto raro. Si addice maggiormente ai fenimeni di picco in cui possiamo assaporare la liberta impertubabile dell'essere e valido estremo che salcisce un mutamento di stato, attivando forze superiori di guarigione spirituale e di trasmutazione. Simbolicamente corrisponde all sognia dell aver luce, al pianeta Urano al dentro, al sesto ed al settimo chakra.

Secondo la cromoterapia e benefico per il sistema immunitario per la parte superior del cervello, per la ghiandola pineale, la ghiandola piuitaria e purificante, anti infiammante e anti infettivo. Ri equilibra gli eccessi. Il viola luminoso significa guida spiritual, intuizione, sacralizzazione e testimonianza. I suoi aspetti in ombra sono il bigottismo, la tendenza di nascondersi in se stessi, la difficolta con il lato materiale della vita.

Se dipingiamo con il viola scuro significa, iniziazione, guarigione spirituale, temperanza, e trasformazione alchemica.

Ed allora I suoi aspetti in ombra diventeranno la paura della dimensione spirituale, la mortificazione ed infine il rancore. Di grado in grado, immolandosi, il fuoco vitale si eleva sulla scala dell'IO. L'energia quindi si immedesima nel puro e compassionevole amore divino. Direi di aver letto da qualche parte che segna il morire prima di morire. Il riconoscimento della eternita come Bodhisattva. La sua corrispondenza e con l'ottavo Chakra, simbolicamente ed e situato proprio al di sopra del capo. Chakra delle incarnazioni. Questo particolarissimo colore simbolizza la pura compassione, comprensione del compito esistenziale, ed infine amore nelle piccolo cose.

Bilanciare Gli Chakra con la Cromoterapia Centri di Energia

Chakra	Colore Corrispondente	Bilancia Effetto
Primo Chakra Dorsale	Corrispondente Rosso Soppravivenza	Spina
Secondo	Arancione Emozioni/Sessualita	Organi Genitali
Terzo	Giallo Potere/Ego	Il mezzo
Quarto	Verde Amore/Responsabilita	Cuore

Quinto	Blue	Gola
	Fisica e	
	communicazione spirituale	

| Sesto | Indigo | Soprapracciglie |
| | Perdono/Compassione | Fronte |

| Settimo | Viola | Corona della Testa |

Energia Universale
Trasmissione d'idee
Ed Informazione

Musica

Musica, ogni mio disegno nasce dall'ascolto della musica colta in cuffia, mentre lavoro a fare delle etichette particolari
per dei vini pregiati Toscani.   In questo caso e la potente e
compassata armonizzazione musicale di un Handel, Serabande,
De Quitschi production.   Questa e solamente la lampadina.
L'idea iniziale cercando di mettermi nella frequenza di un bellissimo linguaggio in questo caso musicale.   Come un lavoro

squisitamente informale. Tuttavia mi sembra che la trama cromatica allude decisamente e perentoriamente quasi ad una certa visione della natura quella mia immaginativa come posso vederla in montagna ed e cosi che cerco di poterla rappresentare e proporla i maniera educativa e riabilitativa.

La cosa che so fare meglio e ascoltare la musica colta mentre dipingo oppure leggo un libro ad un tavolo appartato di un albergo di montagna. Il mio suono preferito le cicale durante le passeggiate nelle meravigliose pinete della provincia di Livorno. Oppure il verso del chiurlo, un melodico grido di battaglia nel mio piccolo paese di collina in provincia di Pisa.

Le variabili dei toni di colore sono in questo caso delle gamme che spingono verso dei toni caldi quasi autunnali ma che declinano le sfumature dei gialli.
Mentre gli aranci ed i bruni sono pensati e quindi considerati attendibili solo con un vigore direi volutamente frammentato da una infinita di ritmi brevissimi come la musica che sto godendo di ascoltare cosi armoniosa.

Ma capaci ancora una volta di suscitare tutte quante le trace quelle mie immaginifiche di un tempo purtroppo perduto. Ecco non so se sono stato chiaro ma e cosi eh vorrei venisse fuori la mia pittura ed insegnarla a voi perche mi sembra di masticarla bene per farvela digerire.

In queste che credo interessanti ricerche sta tutto me stesso con le sensazioni emotive sempre prontissime a captare ogni tipologia di linguaggio. Per me basta che sia cultura non

faccio più essenza differenza e riesco molto facilmente a dipingere tutto quanto inteso come emozioni e sensibilita culturali in
cui mi sento veramente un operaio specializzato quasi un tecnico oserei poter dire ma certamente non un maestro quel punto
di arrivo molto capace lo lascio molto volentieri a mio fratello,

Franco Serretti, dato che con il figurativo puo farsi capire ed
apprezzare con estrema facilità.

Nella costruzione di un'opera convergono sempre degli
influssi creativi che giungono da diversi gradi ed ambiti del
sentire. E quindi di essi possiamo solo essere parzialmente coscienti. La meditazione amplifica sempre le nostre varie facolta percettive e ci pone in stretta intimita. Con i segreti che in
ogni tipologia di dipinto sono celati. Ad esempio possiamo
impegnarci a poter leggere l'aura di ogni quadro. Questo pezzo
ovviamente andrebbe prima della mano sinistra suddetta ma ci
sarebbe ancora moltissimo da poter dire a riguardo. Dovrebbe
essere efficace per imparare ad esprimersi in modo sempre più
relative creativo.

Cerco di poter migliorare la propria immagine di se ed
anche l'auto stima per gli scopi miei che sono sempre educativi
e riabilitativi. Una ricerca plastica la mia che cerca studia ed
utilizza la Cromoterapia come se diventasse un tutto tondo tipo
le sculture. Cerco di poter provare una tipologia di narrazione
colta e possente energetica. Energizzante e suadente interpre-
tando tutti quantici temi antichi anche in chiave contemporanea. In questo processo e come una precisa fusione di determi-

48

nati toni di colore. L'artista in questi casi non solo esercita la sua capacità esecutiva. Ma anche una certa vena poetica che sia sempre capace di dare corpo certosino alle tante immagini concettuali. Dipingere quindi tutta una serie di messaggi misteriosi che possano giungere da un tempo lontano per potersi come proiettare fuori dal tempo e dalle storie che racconto dipingendo.

Le opere su carta rivelano gli istanti cruciali dei miei studi cromoterapeuti per non trascurare nessuna intuizione, per figurarmela, per catturarla nel piu breve tempo possibile.

Io in grado ancora d'intendere e di volere le metto su carta per verificare le mie tantissime scoperte formali e concettuali, con centinaia e centinaia di disegni, formulando sempre credo e spero ipotesi diverse. L'ho fatto fin dal Natale 1955 eppoi per tutta la vita dedicando imballo studio ed alle ricerche sulle Artiterapie educative e riabilitative. Continuo tutt'oggi da vecchio pittore autodidatta a schizzare astratto informale, concettuale e geometrico come concetti piu specifici possibile contro gli stigmi delle psicosi. Li tratteggio su di un foglio, su molti fogli per ordinare cosi tanta produzione. Questi frutti di monumentale lavoro portano a delle archiviazioni e documentazioni assurde per mole materiale. La documentazione di autenticita poi sarebbe tutta da studiare magari passando alla tipologia di Fondazione. E poiché attraversa in modo inedito tutto quanto il mio percorso di studi dal titolo L'Artista Interiore Svelato con la Cromoterapia e Cristalloterapia.

Si chiamano armonizzazioni cromatiche, e servono dopo una pur minima visualizzazione fugace a distendere l'anima, raccordandola al cuore, tramite la melodia dolce della parola MU-SICA.

Ma si vede quanto insisto nell'equilibrio cromatico e per avere il massimo nozionismo sperimentativo possibile ed immaginabile, un lavoro certosino ma sempre concordato che niente lascia al caso, proprio la cosa opposta dell'idea che potrebbe dare a chi non mi conosce, gli sembra sempre una pittura non impegnata. L' equilibrio in questo caso dato da toni di colore e forme armonizzate, raccordate, unificate, identificate scisse e ricomposte come in un gigantesco ed infinito caleidoscopio.

Le mie immagini iniziali dei dipinti che chiamo matrici eppoi i quadri finiti che ritengo tali solo quando me li levano di mano, altrimenti ho la presunzione di poterlo migliorare sempre ed in qualsiasi momento dipende dalle idee e dai pensieri che ti attraversano la mente.

Lo stile viene da se quando meno lo aspetti, quando capendo tante tecniche dissimili e che dilatano a dismisura il gusto per il bello, per l'equilibrio, per le armonizzazioni delle forme, per la concettualita che si affidano alla insaputa, solo lavorando senza ansie di arrivare chissa dove ed in che ordine di tempo.

La cosa piu bella per me rimane una. Solamente il momento del concepimento di ogni lavoro. L'istante privato in cui l'idea diventa realta. Mi sono sempre interessato parecchio anche di architettura e decorazione che mi permettano di giungere a delle sperimentazioni di tecniche e di materiali anche inconsueti. Con una piccolissima correlazione tipo schede che ne registrano la storia bibliografica e l'ambiente fluttuante ed informale, cerco di catturare le emozioni organiche immerse nelle atmosfere della quotidianità con una indinita strabikiante di risultati vicini alla pittura informale, astratta, concettuale, geometrica. Si intuiscono delle astratte nuvole morbide oppure dei ghirigori nati dal caso, le 800.000 composizioni fluide e dinamiche sono come immobilizzate dallo studio cromoterapeutica a cui tende ogni suo pur piccolo disegno.

Le mostre sono sempre state accompagnate da depliant vari che ne testimoniano il suo multiforme ingegno. Contiene anche le poesie della Palma Mingozzi che come una formula chimica di una esperta imprevenzione culturale dei cambiamenti cromatici delle opera esposte nelle infinite mostre in tutti I luoghi espositivi di Firenze, come se fossero dei linguaggi di nuove partiture musicali espresso con I colori al posto delle note.

La mia modernissima pittura, che varia dalla consapevolezza del molto di antico di strappo d'affresco ma arriva fino al Dripping della americana Action Painting.

Io, l'artista Toscano rivisito in chiave concettuale contemporanea le per dell'Ottocento dei piu grandi maestri. Sono ispirato alle musiche colte ed alle opere e quindi rileggono in qualche misura l'arte del passato, ma in chiave strettamente concettuale.

Il nostro mondo di Arte

Il modo in cui siamo abituati a vedere e selettivo. Ossia persegue dei punti di osservazione che scegliamo automaticamente in base alle nostre abitudini. In questo modo creiamo la visione personalistica fermando lo sguardo. Su singoli oggetti che hanno per noi una maggiore attrativa. E questo ovviamente sia in negativo che in positivo. Secondo motivazioni che sono per lo piu inconsce. Su questi oggetti che sono naturalmente le figure riconosciute dalla mente. Riflettiamo le storie che ci raccontiamo su noi stessi ed anche sul mondo. La vista dell'Io non puo chiedere di funzionare in questo modo discriminatorio, invece. La Isso e spirituale, coglie sempre l'unita. Ed il suo misterioso fluire in verita ogni momento e l'accadere di una realta multidimensionale ed armoniosa che esprime sistematicamente una sempre piu ricchezza e bellezza. Nel Buddismo, ed anche nell'Induismo, sopratutto nelle correnti Tantriche, lo yantra e concepito come simbolo geometrico, che rappresenta una Potenza Divina, oppure energetica. Ma non semplicemente in senso filosofico ed interpretativo. Ma bensì orme espressione virtuale ed attiva. Oltre ogni tipologia di confine culturale pittorico conosciuto. Il titolo di qualsiasi opera direi che e cuanto mai emblematica in quanto la concettuale figurazione appare come sospesa in una precisissima aura misteriosa.

Mineralogia

Ho fatto tanti corsi di svariate riunioni e sono andato per le miniere in cerca di cristalli, che ho regalati al museo degli anziani dove c'è ne sono migliaia ed abbiamo comprato anche uno strumento apposito per poterli ingrandire e colpire con delle luci per studiarne le fluorescenze ed altre tecniche particolarissime e un'emozione micidiale. Ho trovato persino i cartellini ed i macchinari di quando erano ancora in funzione dove li producevano e stato bellissimo non riuscivo piu a staccare gli occhi di dosso da quelle cose antiche arrugginite ed invase dalle piante con enormi mucchi di scarto per cui noi eravamo una quarantina tutti armati di martelli da geologi e lenti d'ingrandimento da gioiellieri. Oltre a vari scalpelli ed altro materiale per proteggerci, Abbiamo trovato persino dei filoni con gli scalpelli lasciati da chi aveva trovato i cristalli. Prima di noi è si vede che ne avevano raccolti talmente tanti che se ne sono andati via lasciandolo li ancora incastrato nella roccia. Non e collegata all'arte ma alla Cromoterapia e si chiama Cristalloterapia. Si usano tutti i cristalli nessuno escluso.

Non si usano quando si dipinge ma quando si fa le sedute di arte terapia. Si adoperano pure il folklore ed il rituale come basi per l'arte terapia. L'interesse per l'arte terapia e cresciuto in un arco di temporelativamente breve. Rielabora dei concetti strani di sogni. Mi fanno pensare ad una specie di tronchi sradicati dalla madre terra come fossero delle cicatrici

che rimangono nel suolo a testimonianza si duri momenti met-
terei logici e sui quali l'espressivita tenta con dovizia di sensazioni di renderli poeticamente quantomai significativi. Li considero come dei nodi oppure delle tratture oppure ancora delle
vere scabrosita come fossero segnali impressi sulle cortecce
degli alberi e come se tu facessi un tentativo di ridare vita a
delle piante già oltre ma infondendo le nuove vite quindi linfa
concettualmente vitale anche tramite un'apposita coloratura il
ritmo di queste non forme appare ad i miei occhi di fruitore
come un cloro drammatico ed allusivo nello stesso tempo come
un messaggio no come un linguaggio ma di considerazione e di
consapevolezza seria sulle fuggevolezze delle cose terrene.

Ho pensato a come la magia dei riflessi ed i cordoni ce-
lebrali che uniscono l'anima al corpo possono, portarmi lontano
in una piccola frazione di tempo. Noi non abbiamo parlato ma
abbiamo corso all'impazzata liberi di poterci esprimere felice-
mente in tutte le nostre piu reconsite emozioni. E quindi ho
tentato di poter manifestare in qualche modo la regalita della
luce che trovavo in quel turbinio di parole ed in ogni livello del
suo essere cosi remendamente giovane.

Mi credevo di poter dipingere ed esprimere quindi le
qualita del principio universale maschile che sono infuse in
modo in manifesto nelle gamme cromatiche dei bianchi sporchi. Ed in modo invece manifesto nelle gamme delle cromite
con i colori gialli. Credo che dovrebbero simboleggiare tutte
quante le virtù quelle attive della sorgente che irradiano e cici-
ficano le creazioni di una serie di manufatti d'arte.

Vivificano, ma molto piu in alto dei gialli innalza il potere solare ad archetipo spirituale il colore oro illuminando dall'alto ogni caratterizzazione Yang dei colori.

Cromo terapia, oppure anche tutte quante le virtù ma solo quelle energetiche che io propongo con toni di colore e forme che disegno pensando alle corrispondenze con i cristalli, ovvero creo quei simboli geometrici in cui, secondo le tradizioni, orientali si rivela la Potenza Divina.

Allora si deve sapere che il piano Divino, quello che conforma l'intera esistenza, veste sempre e comunque tantissimi toni di colore e brillantezza. Ma alcuni veggenti hanno affermato che l'anima e attratta nell'incarnazione attraverso vibrazioni cromatiche. Nella nitidezza al nemica i colori sono dei simboli positivi. E sono sempre devoti alle varie forze della nostra vita. Ma in altro modo essi possono anche poter riflettere delle ombreggiature delle nostre anime.

Ed infatti usiamo persino delle espressioni come sono rosso di rabbia, oppure sei verde d'invidia, gli altri sono gialli di gelosia, quanta gente c'è oggi e che e di umore nero...spesso! Incontro gente blu come la tristezza. Nella mia pittura queste seguenti descrizioni ci sono sempre dall'inizio alla fine e diventano naturalmente e semplicemente la mia simbologia preferita dei colori che in fondo adopero dopo averli scelti perche agiscono su di un particolare organo del corpo umano che si puo ammalare.

Ecco perché ecidenzio nei disegni le diciture aspetti in ombra. Ma chiaramente nelle pratiche pittoriche meditive della creatività e formali di ogni opera cambiano a secondo delle emozioni vagliate dai miei sensi dal terzo occhio e dalla mia mente fantasiosissima da non crederci. Le virtualita dei colori sono sempre rivelate dai climi energetici ed anche formali di ogni opera dalla matrice di progetto iniziale alla sua conclusione. Da mille emozioni che ad essa si accompagnano sempre e dall'infininita intuizione. Quindi il nostro " Escursus", diciamo a grandi line nel mondo dei colori comprende persino il colore argento e l'oro. Ma diciamo anche che essi sono ore che si manifestano nella natura essendo dei bagliori archetipici che percorrono segretamente le vie della creazione. Soltanto i piu preziosi metalli ne concepiscono il vero fulgore. Quello ne ha sempre eccitato l'anima degli uomini. Come il vero simbolo della suprema ricchezza spesso fraintesa in senso materialistico.

Dipingo perché non siamo per niente perfetti, ma l'imperfezione sappiamo molto bene che non e una colpa. Ma bensi un'occasione sia di verifica che di maturazione. Il nostro quindi direi che e decisamente un destino di Evoluzione.

Dalla confusione inconscia alla piena cosapevolezza, quindi sarà anche possibile dalla oscurita alla luce.

Il pittore affina il proprio quadro e temprandolo nel fuoco dell'Ispirazione. Con amorevolissima dedizione egli porta a maturazione le forme ed i colori. E sperimentando molto a lungo cerca di correggerne gli errori.

Mandala

Non solamente per poter raccontare la storia dei popoli, ma anche per poter mostrare l'attualita del linguaggio della pittura ed ironizzare su quelli che credono che l'arte possa inventare. Qualcosa di nuovo. E una pretesa completamente ridicola perché da sempre l'arte non fa altroche ripetere le stesse cose già esistenti ed esposte nei tantissimi Musei per il mondo. La creazione di un Mandala e un profondo esercizio spirituale che richiede sempre una grande cognizione Simbolica e meditative. Nella pratica Mandalica tradizionale nulla e mai lasciato al caso oppure all'improvvisazione. Ogni elemento proviene da una visione Sistematica ed iniziativa. Tuttavia la creativita meditativa consente un approccio spontaneo ed efficace alla creazione ed anche alla fruizione spirituale del Mandala. Anche la Psicoanalisi partendo dalle sperimentazioni di Jung, a volte utilizza il Mandala, come strumento per ricapitolare e ricomporre le frammentazioni dell'IO. Il paziente viene quindi invitato a dover disegnare nel cerchio Mandalica, rappresentandovi le proprie frammentazioni e fermentazioni caotiche. Per le intrinseche virtu arte-terapeutiche del metodo le tensioni vengono come gravitate verso il centro. E qui quindi vi si sedimentano favorendo cosi in riconoscimento e la riorganizzazione dei contenuti Ainconsci.

Questa tecnologia e metodologia pur efficace riguardo ai propri intendimenti stravolge pero la visione esoterica dell'arte Mandalica. Il cui fine e la Trascendenza dall'IO e non la sua cura. Infatti la vera gloria spirituale e il riconoscimento di cio che e celato sotto la maschera dell'IO. E per essa ogni operazione effettuata sulla maschera e seondaria ed anche fuorviante. Come ci ripetono i grandi maestri siamo imperatori che credono di essere dei mendicanti.

La liberta stessa che sogna di essere sottoposta a mille e piu limitazione e condizionamenti. La causa di questa illusione e proprio l'Identificazione con la maschera che abbiamo appiccicato sul nostro volto originale. Se diventiamo consapevoli che l'IO stesso e la malattia e che in definitive l'aspirazione a maturare un io sano e erronea. Dato che l'IO puo essere al massimo diciamo normalmente malato, solo questa comprensione puo illuminarci sul profondo significato dei viaggi Mandalici. Essi possono ricondurci tranquillamente a casa nell'unita trascendente del tutto.

Vi invito a visualizzare tutti i giorno due minuti la mia pittura liberamente vivificando queste tipologie di comprensiori che possono sembrare lontane dal nostro modo consueto d'agire ma se le teniamo presenti divengono un luminosissimo faro la cui luce puo raggiungerci anche da ben oltre le nebbie della nostra mente illuminando i quindi tanti percorsi alternative lontano dalle patologie del terzo millennio.

Ai colori della mente contro le psicosi e le loro stigma. L'istante privato in cui l'idea diventa realta, questo mi piace da matti.

Evocando quindi Poesia ed Intuizione

Equilibra, vivifica all'infinito le parti dell'opera in un insieme armonioso il piu possible.

Un pittore non s'incanta mai anzi il suo sguardo deve essere sempre civile, attento, vigile culturalmente e concettualmente. Sistematicamente reso limpido e luminoso sereno e fluido dotato di un infinito impegno creativo e di smisurata fantasia.

Può ma sarebbe meglio dire deve cogliere il "'Baluginio". A pelo d'acqua che come uno specchio riflette sempre e solamente la sua immagine. Ecco da cosa viene fuori anche questo atipico stile e modo tecnico come pittura di Optical Art. Infatti sono tutti ritratti ma psicosomatici. In quegli infiniti istanti di pura visione solo un buon pittore puo riconoscere cio che e realmente "E". Comprendendo quindi tutte le verità eh servono per poter dipingere con l'anima e non solamente con il cuore. E solamente questo che in fin dei conti riesce inconsciamente ha ritrarre in tutti i suoi belli oppure brutti quadri.

Sono solamente delle semplicissime idee poi i vari progetti vanno sviluppati quindi li considero dei piccolissimi abbozzi tematici a quello che sto studiando o ricevendo da letture oppure musiche colte.

Ho cercato di confrontarmi con i vari temi dei fiori e delle piu a variate nature morte ma sempre nell'orrica interpretativa dell'Espressionismo Astratto informale, concettuale, geometrico Industriale che tanto amo. Cerco sempre di poter proporre nuove potenzialita interpretative. E questa violenza energetica che ti sdraia completamente a terra come colpita da 100,000 Meteore pittoriche tutte di perfetta avanguardia tecnica e concettuale. La pittura non la so fare ma le idee e la fantasia mi mangiano vivo.

Totem

Dovrei subito dire una cosa che questa meditazione e particolarmente potente quando pero viene effettuata in un gruppo, ma può essere fatta anche individualmente. Per prima cosa, chiediamo alle forze spirituali di poter manifestare il nostro animale totemico. Iniziando i nostri disegni sull'animale totemico per prima cosa mettiamo una bella e tosta musica tribale. Direi con una forte base ritmica e ricca di percussioni quindi. E danziamoci sopra per almeno 20-30 minuti senza mai fermarci. E tenendo gli occhi chiusi respiriamo profondamente e battiamo i piedi seguendone i vari ritmi. Ma possiamo anche mettere dei suoni. Danziamo selvaggiamente lasciandoci totalmente possedere dalla musica. E quindi facendo così liberiamo le forti energie catartiche del primo livello. Potremmo così sperimentare, in attitudini e sensazioni del corpo. Uno conosciutissimo potere che alimentera tutta quanta la nostra forza. E l'ispirazione dello spirit animale. Ascoltanti l'intuiti comprendiamo in che forma animale questa forza si manifesta a noi. Riconosciamo il nostro totem animale ed immedesimiamoci in lui con il massimo dell'impegno e dell'intento. Anche mimando le sue movenze durante la danza. Assumeremo quindi con estrema gratitudine il suo potere in ogni cellula. Ed esprimendolo totalmente nel movimento. Potremmo a questo punto avere anche delle visioni che di solito sono anche particolarmente vivide e colorate. Esse sono diverse anzi molto differenti dalle ispirazioni fantastiche. Poiché risultano straordinariamente persistenti ed anche evocative.

Simboli Nell'Arte

Fiori

La Rosa, La perfezione e tutte le qualità dell'amore.
IL Loto, L'incontaminazione, l'elevazione.
Il Giglio, La purezza, La sensibilità, la sublimazione.
IL Girasole, Ricerca della luce, la sensibilità.
La Margherita, La semplicità e la naturalezza.
L'Iris, La spiritualita e la consapevolezza.
L'Orchidea, La sensualità e la sessualità
Il Papavero, L'oblio, ed il sonno dell'anima.

IL Cardo, La tenacia, e la crescita pur nell'asprezza.

Oggetti

La casa L'IO e la personalità.
La Porta il passaggio ed il mutamento di stato.
La Freccia, L'intento, la direzione, la ferita.
La Ruota, la trasformazione, la ciclicità ed il progresso.
La Mano Aperta, l'operosità, l'offerta e l'individuazione.
La Coppa, la ricettività generativa a la femminilità, la purifica-
zione, la nutrizione e l'utero.
Il Bastone Scettro, il potere maschile, la volontà creativa, il
comando, il fallo.

Natura

La Conchiglia, la vulva, la chiusura in se stessi ed il contenuto
ermetico.
L'Occhio, La forza della visione e l'essere visti.
L'Uovo, la Potenzialita creativa,il nucleo formativo e l'essenza.
Il Cristallo, La coscienza cosmica e la massima attivazione.
Agli fiore, La sublimazione ed il nuovo.
L' Albero, L'entita corpo-anima.
La Caverna, Il grembo terrestre, la gestazione, l'ingresso al
mondo di sotto.
La Montagna, L'elevazione, la maestria spirituale, il mondo di
sopra.

IL fulmine, Lo scoppio dell'energia, l'intuizione improvvisa e la distruzione.

IL fuoco, L'energia, la passionalita e la trasformazione.

LA pioggia, la purificazione, la rigenerazione e le lacrime.

IL fiume, Il flusso ed il seguire il proprio destino.

IL lago, lo specchio animico e l'inconscio.

IL mare, l'anima, la rigenerazione, il dissolvimento.

L'Arcobaleno, L'allenaza tra il cielo e la terra, la creatività ed il rasserenamento.

LA stella, La guida spirituale l'astrazione.

LA luna, La creatività, l'intuizione, la fertilita, l'evoluzione, la maturazione, la purificazione, la lucerriflessa, il principio Yin, il divenire e la ciclicità.

IL sole, La forza vitale e spirituale, la trasmissione energetica, l'illuminazione, il principio Yang, la centralita dell'essere, la creatività.

Serpente

Energia Vitale, Sessualita, trasformazione, rigenerazione, sapienza, pericolo, insidia subdola ed insinuante, guardiano, spina dorsale, kundalini d'istrusione, distruzione, regenerazione, nuovo ciclo, spietatezza, sacrificio, distruzione, nuovo ciclo, spietatezza, sacrificio impeto creativo, mutamento.

Acqua e Fuoco, Forza Mercuriale, catena delle incarnazioni, prova esistenziaole, iniazione, memoria atavica, segreto, magia, ipnosi, magentismo, Energia Curativa, ma anche veleno, flusso inarrestabile, perfidia, paura, attrazione per il mister, seduzione, fallo, sessualita femminile (spire), intrigo, caduta animica, elevazione, liberazione, catarsi.

Aquila

All' Aquila invece e forza spirituale, e la visione dall'alto.

La Civetta, la sapienza di cio che e celato e la veggenza.

Il Delfino, e la sensibilita, l'amicizia, la giocosità.

Il Drago, il guardiano della soglia, il potere misterico, il caos.

L'Elefante, la stabilità, la forza, la memoria ancestrale.

La Farfalla, la lievita esistenziale, la trasformazione, la fragilità.

La Fenice, la rinascita, la ciclicità.

IL Grifone, la totalità ,l'integrazione, l'eternità.

Il Leone, il coraggio, la forza vitale, l'auto affermazione.

La Lucertola, l'anima che cerca la luce, l'intuizione.

Il Pavone, la sublimazione, la fioritura spirituale.

Il Pegaso, il messaggero, la creatività.

Il Pesce, l'Oratorio stato primordiale, il nucleo inconscio.

La Rana, la rigenerazione, la subitanea consapevolezza, l'estasi.

Lo Scarabeo, la Verita intrinseca al mutamento,l'eternità.

La Tartaruga, e la lentezza, la meditazione, il ritirarsi in se stes-si.

L'Unicorno, che e la purezza, l'innocenza, la forza ancestrale.

Introduzzione alle attivita creative visive

Materiali

I materiali che m'interessano in questa sede sono quelli che permettono l'espressione sulle superfici piane, graphite, carboncino, matita di conte, inchiostro, pastelli, pittura, carta, penne, penelli, tela e cartone.

Per una persona che ha gia delle limitazioni intermini di abilita fisiche o mentali, e essenziale evitare di creare ulterior barriere, scegliendo material inadatto. I materiali dovrebbero essere della migliore qualita. E decisamente rovinoso dire che volete condividere delle esperienza delle arti con persone disabili e poi vedere soltanto frustrazioni, perche la carta si lacera subito, perche I colori sono smorti e le creazioni si autodistruggono.

Creazioni che per I loro autori diventano una fatica sprecata ed un dispiacere nel vedere cestinate.

Matite e Grafite

Le matite per uso artistico variano da quelle a mina molto dura a quelle a mina morbida e molto morbida. Per le scope di cui mi occupo in questa sede, acquistate e usate, HB, 2B, 4B, 6B. Le matite per uso artistico sono disponibili dal tip HB fino al 10B. Tuttavia una mina troppo morbida non e adatta perche il lavoro s'imbratta facilmente. La mina morbida e utile perche permette di tracciare I segni anche con una espressione molto leggera cosi che anche la persona piu inibita, una volta che ha iniziato non avra difficolta a maneggiarla. A tutti capita di dire che non siamo capaci di fare una cosa e di essere terrorizzati all'idea di provare. Una matita semplice scelta con cura ed un grande foglio di carta da disegno possono dare ore di esplorazione e infiniti risultati.

Carboncino

Come le matite, il carboncino e disponibile in diversi pesi e gradi di durezza. Di nuovo acquistate I bastoncini grandi, facile da tenere in mano, morbidi e che di conseguenza permettono di tracciare rapidamente, disegni particolarissimi ed assolutamente belli. Grazie alle aeree molto scure che si possono creare, con il carboncino e facile pasticciare e per certe persone cio puo essere un'esperienza salutare e costruttiva, poiche la preferenza significa potersi sentire bene e inotre un modo di affermare la vostra convinzione nel diritto di ognuno di provare la gioia a tutti I livelli di bellezza e il piacere tattile che l'arte visiva offre. Con il carboncino si possono creare anche nuove dimensioni. Basta usare una gomma per ascoltare le aree scure. Le immagini o I disegni in spazio positivo si possono realizzare lavorando in un grande spazio nero. Lo spazio positivo e l'area effettiva nel disegno, lo spazio negative e il termine artistico, che indica lo spazio che ci circonda il disegno.

Per alcune persone questo puo essere particolarmente gratificante perche genera un elemento di magia, personalmente cerco sempre di usare quanta piu fantasia possibile e di parlare di magia perche questo favorisce l'ispirazione e stimola l'esplorazione.

Matita di conte

La matita di conte e un bastoncino, ti assomiglia un po al pastello d'olio e d'un po al carboncino anche questa e disponibile in vare tipi duri e morbidi e nei colori Terra di Siena naturale, Terra D'ombra bruciata, bellissime tonalita di Terra nero e bianco. La bellezza della matita di conte e data dalla sensazione dissetossita sulle dita e da l'infinita varieta di tratti, disegni, line e forme che si possono creare. I bastoncini come nel caso del carboncino sono caratterizzati da una grande versatilita, usati in senso orrizzontale, danno ampi nastri di colore. La matita di conte puo essere facilmente sfumata o variata d'intensita con le dita o con uno straccetto strofinato sulla carta. Un materiale cosi fluido permettera anche alle persone che con scarso controllo muscolare di ottenere ottimi risultati. E vi fara piacere sapere che e molto piu facile da pulire del carboncino.

Pastelli

Pastelli che esistono sia di gesso che ad olio. Nel mio lavoro io li uso entrambi e vi consiglio di includerli nel vostro equipaggiamento. La scelta di una qualita scadente comporta due tipi d'inconvenienti.

A. I colori saranno smorti e scialpi

B. Alcune persone avranno molta difficolta a raggiungere quanto vi proponete perche il colore non passera adequatamente sulla carta. Una delle grandi bellezze del pastello e data dal fatto che si lavora con pigmento puro. Esistono numerosi varieta di buoni pastelli per studenti oppure per dilettanti. Prima di comperarli comunque assicuratevi che i colori siano brillanti e che il pigmento aderisca facilmente alle superficie con cui lavorate. Anche l'individuo piu spaventato o reticente puo essere indotto a fare una prima esplorazione unicamente per le emozione data dai colori brillanti.

Anche I pastelli di gesso sono morbidi ed al tatto assomigliano appunto al gesso.
I pastelli ad olio invece al tattoo ricordano piu le matite. Danno straordinarie possibilita d'intensita cromatiche. Sono semplici da usare e si possono mescolare usando le dita o lo straccetto.

Pittura

La Pittura e un esperienza gioiosa che come diciamo anche piu amanti nel nostro caso, deve essere presentata alle persone al momento opportune. Al fine di evitare le frustrazioni e quindi compromettere I benefici che possono scaturite da questo processo di nuovo, l'acquisto del materiale deve essere fatto badando all'intensita del colore.

La pittura in tavoletta rende spesso difficile alle persone con cui di solito lavoro, gustare il piacere del colore che esplode davanti alli loro occhi, ripeto lavorando con persone che gia hanno problemi fisici, mentali, oppure emozionali, e essenziale facilitare l'avvicinamento all'arte, e non prendere questo approcio ancora piu difficoltoso, scendendo materiali scadenti. Con I gruppi non uso mai I colori ad olio. Se una data persona desidera dipingere ad olio, questa diventa una decisione da validare con molta cura.

Le pitture acriliche invece sono ad acqua, per diluire I colori oppure pulire I pennelli ed anche le mani molte persone che desiderano passare alla pittura piu densa, considerano sempre di usare l'acrilica.

L'acquerello sopratutto quello in tubetto e estremamente versatile. Potete insegnare ad una persona o ad un gruppo come ottenere le gradiazioni con leggeri strati di colore oppure a dipingere con colori brillanti e vivaci. Per avere una gradazione di colori, prendete con il pennello della pittura pura, passatela sulla carta e quindi dipingendo il pennello solo nell'acqua.

Nel lavoro con le persone con il ritardo mentale, oppure con anziani, questo sistema da la possibilita di stimolare la fantasia perche suggerisce il calcolo di cui si puo imossessare usando I colori, il pennello e l'acqua.

Le spatolate sono come delle sciabolate essenziali, che costruisce con una infinita di toni di colore e forme dettate dal-

_a sua inconfondibile fantasia inesauribile e procede attraverso
numerosissimi passaggi e rimuovendo molte volte il colore dal-
_e sue infinite opere. Ed applicandolo di nuovo cercando sem-
pre di arrivare ad un risultato finale che almeno ad i suoi occhi
risulti bellissimo. Utilizza il mezzo pittorico per poter ripensa-
re il parallelismo esistente tra la storia di molti popoli. Al di la
della analogie delle analoghe vicende che le hanno segnate fin
dai tempi degli antichi romani.

Ci vuole l'incantesimo

La pittura Serrettiana cambia sempre e quindi è viva.
Può diventare un nuovo movimento di Arte Serrettiana. Dopo
il superamento del Verismo, oppure la critica al Divisionismo,
e di questioni ideologiche come il rapporto tra arte e politica.
La pittura e per il piacere degli occhi e per I palati fini. I colori, le forme, e la forza della mano dell'uomo pittore-
cromoterapeuta, Erasmo e un veropensionato indaffarato ed
appassionato, invade di idee pittoriche in varie rassegne d'arte
contemporanea. La pittura diventa protagonista a scapito
dell'artista stesso. Un tipo di pittura per poter dare ad ogni spazio la sua specifica arte che non smette mai di fare ricerca.
Cambiare il tipo di pittura significa anche rinnovare il nostro
pensiero sull'arte contemporanea.

Vorrei leggere nei miei tanti pensieri ed e per questo
che dipingo. Luce, enigmi, e lunghissimi silenzi escono dai

suoi quadri. L'essenza dei toni di colore a seconda delle forme. Le variazioni di intensità spazio luce, e toni di colore e gli attraversamenti in tutti i loro aspetti, dalle archeologie industriali, fino alle belle vedute urbane. Le atmosfere ombrose dei territori battuti dai problemi delle emigrazioni e dalle tensioni politiche.

Dai prati e tetti di paglia fino a film e musica? Le loro tele a confronte. Piu o meno cosciente di Trasformazione Energetica. Seppure dipingiamo il nostro incubo peggiore, nell'opera sara presente in segreto il seme del risveglio. Sta quindi a noi imparare poi a riconoscerlo dandogli l'attenzione e tutto quanto l'amore per fare si eh si schiuda. Allora il germoglio uscira dal terreno senso dei nostri Umori. E potra principalmente danzare con delle arie sottili mettendo foglie tanto nuove quanto sensibili. Capaci di unirsi e nutrirsi bene con la luce del sole e della luna.

Raccogliendo quindi la piu grande della sfida della vita. Esso concepira in se stesso un fiore che esalera un profumo di preghiera e comunione con il tutto. Quello che ci tengo ad insegnare e che certi disegni migliorano la immagine di se stessi ed anche l'autostima.

I colori considerati dai lati mentali e corporali delle nostre piccole difficoltà foibe quotidiane tanto comportamentali quanto relazionali nella societa di terzo millennio.

71

L'artista interiore che si tuffa volentieri tra le gocce dell'oceano infinito dell'essere. Il Mare e del tutto racchiuso in ogni disegno. Ogni dipinto e come uno specchio in cui si riflettono i miei incantesimi cromatici. Tutti imbonissi colore e le forme dell'Universo. Nasce da queste mie certezze la pittura che scaturisce copiosa dalle mie mani. Sono come dei viaggi proposti tra i segreti e le energie dei colori. Che bello insegnare queste tecniche e come esercitare le creativita meditative. Bisogna sempre cercare di poter liberare tutte quante le essenze del segno grafico. Il mio cammino artistico si dipana come un lunghissimo confronto con il mondo dei Chakra.

E bello cercare le loro proiezioni sul piano fisico. Le loro corrispondenze con i colori ed anche con la Cristalloterapia. Il mio paradiso di simboli, e di analogie trova le corrispondenze con quegli artisti che lavorano con l'anima. Si con l'anima e non solamente con i gesti. Cerco sempre le massime espressioni nella creazione degli hangar e dei Mandala. Che altro non solo che simbologie geometriche in cui secondo le tradizioni orientali si rivela la Potenza Divina. Con questi disegni cerco solamente di proporre una semplicissima serie di esercizi creativi che possano aiutarci a sviluppare le virtualita energetiche e terapeutiche della pittura e del disegno. Da qualsiasi punto partiamo nell'operare artistico pian pianino filtra qualcosa che non appartiene a noi stessi. Ma bensi al mistero dell'Ispirazione. Nell' operosita diveniamo molto piu attenti ed anche ricettivi.

Allora lo spirito che anima l'arte può eterni a giocare con le nostre spatole ed i nostri pennelli mostrandoci qualcosa d'inaspettato in cui si rivelano tantissimi tesori nascosti.

Ma se dipinto con sincerita e direi anche nel meno evoluto, vi e almeno una pennellata trafusa di grazia. Una intuizione preziosa che puo solamente crescere con la luce.

Crescere nella luce, semplicemente per poter comprendere meglio il profondo legame che coniuga l'arte con la meditazione. Possiamo immaginare la storia di una voccia di mare. Nel mare, il mare e un unita ed e persino difficile concepire in esso l'idea di una goccia. Ma la goccia rappresenta la nostra convinzione di essere separate l'uno dall'altro e dal tutto. Nell'oceano infinito dell'essere, ci condensiamo attorno al centro illusorio dell'IO. Questo ci delimita con un sogno privato di esistenza con sensazioni e pensieri che caparbiamente riconduciamo a noi stessi. La goccia di spuma che e ciascuno di noi corre sulle increspature delle onde. Ed ignara della propria unita essenziale con il mare si vede attorniata. Da miriadi di altre gocce che le sembrano decisamente distinte ed anche estranee.

Rimbalzando sul pelo dell'acqua tenta di governare. Il proprio destino con mille e piu preoccupazioni. Per se stessa ed ha paura di cio che potrebbe accaderle, se rinunciasse al controllo che la separa dal tutto. E presagisce la propria ineluttabile fine.

Non puo permettersi di rilassarsi manco un solo secondo. Dato che la sua illusione e alimentata proprio dalla tensione. Dinamica delle onde e dal conflitto con tutte le altre gocce. Pero il suo senso di separazione le causa una terribile sofferenza.

Come goccia ha dimenticato l'estasi dell'immensita del mare. E sa benissimo di non potersi mettere in condizioni di poter resistere a lungo. E per distrarsi un po puo raccontarsi mille storie. Vanagloriose su di se ma intimamente sa che presto sara sommersa, perché fondamentalmente ha dimenticato chi e. Pero conserva nel cuore tutti quanti gli echi atavici delle correnti e tutte quante le risonanze del mondo marino, a cui appartiene. Volgendosi all'ascolto di cio, impara a cantare le segrete canzone del fare quei canti che sgorgano dalle profondità piu esasperate ed ancora ignote. L'aiuto a divenire sempre di più tanto fluida e sensibile, ed alfine essa partecipa anche all'estasi di quel mare da cui in verità mai fu separata. Nelle esperienze delle varie nostre creativita quindi impariamo a fluire.

Con le onde immaginifiche dei racconti Universali, l'artista diviene quasi un Mistico quando riconosce che queste onde sia allargano come dei cerchi concentrici sull'acqua. E nell'acqua caturando da un certo ignoto di pura radianza e pur godendo ed imparando. Dai tantissimi frutti dell'Ispirazione, orienta la sua consapevolezza.

Verso la sorgente da cui la stessa ispirazione e originata. Nello specchio magico dell'arte possiamo sperimentare gli incantesimi della creazione. Ma inoltre se non c'incantiamo in

sogni narcisistici. Possiamo raggiungere oppure anche solamente giungere a vedere in esso il nostro vero volto originale.
La sublimazione dell'arte si compie quando l'artista diviene egli
stesso. L'opera perfetta poiche e a quel preciso punto. La dua-
lita e gia trascesa. Sin dalla primissima infanzia il bambino
sviluppa l'esigenza e la capacita d'esprimersi in modo creativo
particolarmente con i disegni. Insieme alle facolta del movimento e della vocalizzazione. Egli inizia a sperimentare tracciando segni e colori. L'essere del bambino e fortemente coin-
volto nel processo di crescita. Ogni sua azione e motivate da
una ricerca d'immedesimazine e comprensione e anche la rappresentazione grafica ha un profondo significato.

Perché ogni bambino disegna? L'espressione creative e
una specie di ricognizione che congIunge il dentro ed il fuori la
soggettività. E l'oggettivazione segno e colore e anche la pittura educativa e riabilitativa. Sono quindi delle semplicissime
testimonianze come? Energetiche dei codici ancestrali di nor-
male rappresentazioni e continui apprendimenti. Perché dise-
gnando ogni bambino da orlo alle proprie percezioni. Per
comprendere se stesso prima di tutto. Ma anche il mondo che
lo circonda. E quindi e come un duplice processo che da un lato lo aiuta ad allineare le energie caotiche e quelle primordiali
che turbinano continuamente dentro di lui. Cercando maturita
artistica definizione e dall'altro gli consente di poter osservare.
Ed anche rielaborare le forze riflesse dal mondo esterno. In effetti ogni atto creativo fa luce su di un mistero. Prima ignorato
dentro e fuori di noi. Ahi armamenti il modo di disegnare del
bimbo muta nelle diverse fasi della ricerca. Quotiamo e della

crescita naturalmente. Ma se osserviamo un bimbo molto piccolo e che disegna saremo allora colpiti dalla forza innocente che lo moriva eglii infatti opera molto velocemente e con delle tonalità. Non ha alcuna tensione ne giudizio ne ansia dei risultati. Neppure ripensamenti ma bensi una perfetta adesione tra l'intuizione e l'atto creativo. Il disegno caotico, movimentato principalmente da linee continue ad onde spirali, forme, oppure acute. Queste richiamano la qualità Yin ed Yang. Il colore e assente oppure secondario. Cosi si esprime il fremito primordiale. Quello puro ed incessante movimento che scorre liberamente senza le ristrettezze convenzionali. Presto subentrera la fase della Genesi. Ed il bambino si accorgera finalmente di infiniti mondi. E li rappresentera con sprazzi Policromi ed intricati. Questi possono coesistere sullo stesso, foglio. Su di uno stesso foglio quindi senza per questo essere in relazione.

E allora quel momento e arrivato e si chiama delle celebrazioni. Quelle pero episodiche di coscienza che fioriscono istantaneamente. E vengono dimenticate non essendo coordinate nel tempo e neppure nello spazio. Quando l'identità animica del bimbo si emaggiormente radicata, egli comincia a concepire il foglio da disegno come un Mundus. Sentendo l'esigenza di relazionare le diverse parti dell'opera. Mentre prima i colore era il protagonista con delle corporeità. Indefinite e spesso sovrapposte connesse con stati emotivi emozionali.

La luce di James Turrell, inonda il deserto e punta al cielo. E un'arte molto esigente, nato a Los Angeles nel 1943. Chiede di accogliere la luce protagonista assoluta delle sue installazioni. Così orme si accoglie una rivelazione. Una verità che ha bisogno di spazio e di tempo per poter essere compresa appieno ed apprezzata.

Io ho dipinto tantissimo e letto tantissimo. Ho pubblicato disegni e dipinti al massimo livello ed altri a prodotto finito. Per poter dare una indagine esplicativa del percorso di accrescimenti micidiale di angeli e demoni. Cioe di angeli sono i toni di colore ed i demoni le forme che la mia fantasia trasbordante mi invita in continuazione a creare anche a dispetto della bellezza molte volte. Ritrae sottigliezze come per esempio la piega su di un foglio cerco sempre di poter fare un tipo di pittura fluida, vivace, sensuale, costruita certosinamente con estrema pazienza e per successive ed infinite stratificazioni di toni e di colore. Cerco anche di stare attento e mettere in ogni quadro tantissimi segni e simboli arcaici, ma assai spesso anche modernissimi. Credo di essere uno dei pittori piu prolifici che esiste nel mondo e molto visionario perché dotato di una fantasia come la memoria degli eleganti. Io credo molto nel valore dei viaggi concettuali lo stesso mio lavoro e organizzato intorno alla geografia dei posti della mia vita che da ferroviere di kilometri, ne ho fatti tantissimi.

La Toscana

Colline, Monti, Montagne

Prima di tutto la Toscana e una regione grande e che partendo dal livello del mare prosegue attraverso dolcissime colline passando da Siena ed arrivando agli altopiani degli Appennini che sono come la costola dorsale della nazione.

Poi la gente e del tutto particolare nel fare un tipo di mangiare molto rustico nutriente ed anche di uno stile spartano ma ottimo sempre e dovunque tu ti possa fermare a pranzo o cena e una delizia che incanta qualsiasi palato anche il piu raffinati ed estremamente, esigente.

Le nostre tradizioni culturali, religiose, artistiche, sono riconosciute subito in tutto il mondo oramai i noterai vini ed olii spopolano nella gratitudine di tanti che ci rinnovano le loro commesse.

Abbiamo chiese bellissime in ogni singolo quartiere della città. Palazzi antichissimi e luoghi d'incontro di cultura varia ti presentano 365 giorni l'anno di tutto e di più.

Ogni piccolo paesino dal Feudalesimo ha la sua ore sia storia di scorribande continuate dai signorotti locali per la supremazia di una zona sull'altra.

Questa terra ha dato in continuazione uomini dotti a livello sempre di eccellenza completamente riconosciuta ed ammirata da frotte di persone entusiaste.

La moda ed il designer hanno prodotto artisti che poi sono volati sulle citta si ortiche della vecchia Europa centrale.

Il popolo etrusco che qui ha lasciato infinite testimonianze mozzafiato, abbiamo trovato arando i campi preziosissimi monili d'oro di alta oreficeria per le tecniche che gia conoscevano quando gli altri popoli vestivano ancora le pelli degli animali.

Il mare Tirreno e pulitissimo e pescoso e raccoglie delle gemme infinite che sono le isole importantissime e che hanno ospitato imperatori del calibro di Napoleone Bonaparte.

Le nostre biblioteche anche con l'aiuto di tantissimi conventi di monaci erano ordinatissime e continuamente arricchite di ogni tipologia di manufatto culturale anche nel campo dell'erboristeria.

Ci sono delle città che bisognerebbe conoscere tutta quanta la storia che si e sviluppata nello splendore di ogni singolo palazzo dove all'interno le migliori menti sì cimentavano continuativamente.

Le campagne sono rigogliosissime e stimatissimi dagli inglesi che qui hanno comprato intere fattorie accettando lo stile e la produzione agricola che da sempre fornisce una ricchezza complessiva incalcolabile nel senso della qualità.

Solo di vino e spumanti abbiamo spesso delle eccellenze riconosciute ci di continuo perché il tipo di terra ti permette con questo clima di far nascere persino il pepe.

Pisa per esempio e stata una delle quattro potenze marinaresche italiane si facevano navi di ogni tipo per quei tempi nutritissime flotte portavano anfore piene di vettovaglie dal mediterraneo fino al nord Italia.

E una meraviglia continuata in ogni posto che vai di questa terra e un vero spettacolo ma sotto tutti gli aspetti e non uno o due io quando giro chiedo e vedo mi arricchisco enormemente di tutta una lunghissima serie di fattori,dato che cambia tantissimo in 200km trovi tutte le cose che non puoi vedere in nessun'altra parte del mondo e come quando vai a Venezia e conosci la tua esistenza maturata a New York ti sembra tutta un'altra realtà da scoprire e cercare di capire tante sono le bellezze eccezionali che ti si parano davanti in continuazione esagerata.

Ci sono quelli specialissimi dei campi per esempio prima durante e dopo la raccolta del grano, colori primari che schizzano nel cervello in profondita siderali non si puo farlo proprio a meno di scendere di macchina e godere anche a piene narici delle precise e conturbanti cromie dei rossi dei papaveri.
Ci sono le mareggiate piu apre che sbattono fragorosamente sulle scogliere schiumando e rilasciando nell'aria lo iocio che tanto fa bene per esempio ad i bambini con la tosse carina con tutte le loro gamme dei blu alteo primario che simbo-

lizza decisamente tantissime cose a partire da i nostri cieli interiori.

Ci sono le meravigliose e rigogliose ricchissime pinete che arrivano fino a pochissimi metri dalla battigia con tutte le loro speciali cromie dei verdi questi invece sono dei colori secondari che esprimono tutta quanta la forza rigenerativa della natura.

Le colline sono ammantate da una infinita di bellissimi boschi che ci regalano tanti funghi di una dozzina di qualita commestibili. Sono quei verdi particolarissimi che ti fanno ben capire immediatamente cosa significa il potere vivificante del corpo cosmico della nostra Madre Terra.

I colori sono quelli del mondo ma considerandolo come un perfetto Teatro in cui si possono confrontare ma quei verdi tendono comunque all'infinita dell'Equilibrio.

In Toscana le colline sono dolci ed a ridosso del mare su di un fascia che va da dieci km.fino a 137 km quelle fiorentine del vino Chianti.

Allora si conoscono dei verdi specialistici quelli che creano come uno spazio mentale d'accoglienza ma in cui tutte le nostre forze possono continuativamente compenetrarsi.

La energia dei verdi Toscani si distende a vista d'occhio come la vegetazione che ricopre il pianeta ma sempre offrendo una precisa visione panoramica dolce suadente soave, rappaci-

ficato dia stimolante le canzone, le poesie le pitture e la letteratura della natura.

La Toscana e un vero paradiso terrestre che favorisce
enormemente la comprensione ed anche l'abbraccio continuato
da quello confortevole del cuore a quello piu introspettivo
dell'Anima. Poi si devono imparare, capire ed apprezzare le
tantissime culture che si sono via via succedute con risultati
sempre pregevolissimi, perché la Dea Verde che ricopre questa
terra e sempre gentile e Ispirata e detiene le chiavi di tutti quanti i misteri della natura.

Si puo conoscere benissimo perfino il vero segreto della
vita e della morte perché essa e generatrice ed anche preserva-
tive di tutte le forme ed infinita maestro dell'intrinseca saggezza dei cicli naturali.

Questi sono la riflessione terrena dei cicli cosmici invisibili. Sono dei verdi eccellenti che corrispondono agli elementi della terra al piano orizzontale di mezzo al pianeta Venere, ed al quarto Chakra.

Leonardo Da Vinci, nel suo famoso trattato della pittura, risalente al XVI secolo scriveva, "La pittura e una poesia
che si vede e non si sente, e la poesia e una pittura che si sente
e non si vede".

Passiamo ad un paesaggio alpino, quasi spoglio a 1500 metri sul livello del mare. Dai colori particolarmente tonali che creano una certa condizione visiva, estremamente densa di emozioni. Le campiture cercate con la memoria e rese in maniera che sono espressivamente forti e suadenti quanto basta da quel tipo di natura eccezionale. E l'insieme che ho cercato certosinamente di poter dipingere per realizzare un ben calibrato gioco prospettico tra il cielo e la terra delle mie fantasie.

Amo le montagne.

Penso spesso ai cipressi di Van Gogh perché egli trovava particolarmente difficile dipingerle tanto erano investiti di partecipazione emotiva. Si deve adoperare un'asta con un panno avvolto in cima alla punta ed appoggiarsi dolcemente ma fermamente mentre si agisce sul muro. Il pittore infuse in quegli alberi la sua anima tormentata ed il suo contraddittorio desiderio di trascendenza. Contemplandoli sono rimasto molto colpito dalla lotta interiore ed anche dalla preghiera che essi gridano invocando l'ascolto di qualcosa che e al di la della loro comprensione in verita di quella dell'artista. Comunque dipingo quello che basta che ci guardiamo intorno. Ovunque c'e'colore mi sembra che palpita la vita. Il mondo quindi e come un'immenso arazzo che l'incisibile spola dello spirito, intense con fili innumerevoli intinti nei colori della vita stessa. Quando le idée prendono forma, forze inesauribili ed assai misteriose sono in ogni opera d'arte e sono mosse dal grandissimo grembo della madre Terra. Le infinite progenie battezziamole nel colore e cosi che nascono i minerali, piante, animali uomini ed ogni altra cosa.

Da sempre i popoli che onorano e condividono la Terra, si sono vestiti con abiti dai colori sgargianti, come omaggio alle forze vitali.

Dipingo od almeno ci provo le sensazioni che si possono avvertire girando per la bellezza della natura che si può gustare girovagando per gli infiniti itinerari stradali, trekking, sport invernali, turismo equestre, e descrizione generale delle montagne, fiumi, laghi, e vecchie mulattiere, del bellissimo e variopinto Appennino Emiliano Romagnolo. Disegnare quindi la rappresentazione di quella che e da sempre una fascia territoriale di fondamentale importanza nei contesti socio-economici dei territori regionali. E bellissimo poter dipingere le linee dei crinali che delimitano i confine naturali con la parte meridionale della penisola, ma che allo stesso tempo determinano una serie di collegamenti che gia ad un tempo remoto hanno consentito lo sviluppo ed anche l'intensificazione dei vari rapporti fra le popolazioni assai diverse. Si puo quindi concretamente affermare che la fascia di crinale da naturale confine geografico diventa il punto di riferimento nella continuita sociale nell'aggregazione fra le genti.

Tutto quanto quello che dipingo e verificabile percorrendo le tante vallate appenniniche che alle varie quote presentano aspetti etnici ed emergenze storicche culturali, che testimoniano delle tradizioni passate e dell'evoluzione sociale. La realizzazione di questo tipo di pitture consente di pensare a come si possono presentare tali aspetti al grande pubblico amante dell'arte contemporanea. Che e sempre piu a tetto alle conoscenze di quei tanti luoghi avulsi dai circuiti turistici tradizionali e quindi molto piu in linee alla funzione di itinerari turistici alternativi. Ritengo infine che questa tipologia di pittura possa oltre che rappresentare un utile omaggio a quelle meravigliose e tranquillissime viste che si godono in altimetria indicano anche un utile indicazione al turista ed apportare un modestissimo contributo al recupero ed allo sviluppo turistico dell'Appennino. La natura di un territorio esteso su piu'di 11.500 kmq e che occupa circa la meta del territorio regionale.

Si presenta ad i nostri occhi indagatori e sognanti come una lunga fascia di rilievi montuosi ma sono bellissimi pure quelli collinari. E larga piu orgoglioso meno una quarantina di km che dallo spartiacque, dell'Appennino settentrionale e che degrada dolcemente verso la Pianura Padana. I colori e questo secondo me il bello cambiano silenziosamente ed in continuazione dall'asse della catena principale. Questi colori fantastici sono orientati da Ovest nord Ovest, fino ad Est Sud Est da dove si dipartono tutta una serie di costole trasversali che le vedo con il mio terzo occhio d'artista disposte esattamente come i denti di un pettine e che digradano ma molto lentamente verso le vallo o generalmente verso valle come dicono loro. Ricordo con passione le belle passeggiate tra le vedute da dipingere di Bismantova. Un imponente complesso roccioso del Reggiano. La bellissima veduta di Perino nella stupenda val Trebbia nel Piacentino. Fantastico e poter dipingere le vedute della val Marecchia. Belli sono i colori lungo una linea che in molti tratti coincide con il percorso della Via Emilia. Fantastiche cromie sorgono comunemente dalle divisioni dell'Appennino settentrionale, l'Appennino, Ligure ad occidente del passo della Cisa. E quello Tosco-Emiliano che si estende ad oriente. Cambiando ancora e nettamente la sua gamma di cromie.

Le cromie dell'Appennino Piacentino, Parmense, Reggiano, Modenese, Bolognese, Romagnolo e che hanno caratteri orografici e geologici differenti, come spero sempre di poter dipingere ancora.
E bello anche poter dipingere le ragioni politiche pre risorgimentali ed alcune correzioni conseguenti alle creazioni delle province come quella di Forli del 1923. Le Amministrazioni liguri delle valli dell'Aveto del Trebbia.

E sono invece Toscane le parti piu alte delle valli del Reno del Santerno, del Senio, del Lamone. Che sono alle estremita orientali dove le basse propaggini con i loro particolarissimi colori e forme giungono fino al mare Adriatico. Sono invece Marchigiane gran aorte delle valli del Marecchia e del Conc. Ed e stato indipendente la repubblica di San Marino. Bellissime e coloratissime sono poi le formazioni geologiche che affiorano alla superficie dei rilievi e sono disposte secondo una successione che a grandi line va dai terreni di origine piu a ricca a quelli piu giovani via via che il crinale principale si scende verso la pianura. Nelle mie opere per poter esporare tutti quanti i paradossi tra gli aspetti affinerò della vita e la superba concretezza del mondo materiale.

Gli Aspetti dell'Arte

Fisico, intellettuale, emozionale, e per concludere spirituale. Offrendo opportunita uniche ai fini di tantissime guarigioni. Queste impronte, come le chiamo, io, le mie pitture e come del resto tutti quanti I prodotti delle varie attivita creative. Possono poi dare all'operatore una chiave per poter capire il modo in cui l'individuo incontra e decifrabla in realta. Ma questo non è che una traccia, un'indicazione delle possibilità eh si aprono in una fase successive dei processi terapeutici. Personalmente sono un ferreo sostenitore della demistificazione, modelle artiterapie e cristallo terapie. Perché penso che l'atto della creazione l'esprimersi attraverso un'attività' relative fa parte del nostro linguaggio e retaggio. E dei nostri diritti fino dalla nascita. E non c'e nulla di mistico in questo. Ciascuno di noi puo creare qualcosa di unico e di significativo per noi stessi. La bellezza e sempre dentro agli occhi di chi guarda e questo credo che valga anche per la mia strana pittura dettatami forse da un'anonimo greco del terzo secolo. Anche se in arte non esistono cose dalle verita assolute tuttavia è per poterne discutere a livello critico. Esistono comunque da sempre delle semplici regole ed anche dei confine precisi per poter captare la sensibilità, la capacita si univa di un pittore. Le qualita innovativa lavoro d'arte si rivela solitamente attraverso le impercettibili vibrazioni emozionali che sa trasmettere.

Vibrazioni che purtroppo non sono sempre riscontrabili nella asettica progettualità concettuale delle avanguardie storiche e contemporanee da cui e bandita ogni tipologia di intuizione poetica ogni impulso emozionale ed anche espressivo. E con moltissimo sconcerto che vedo spadroneggiare un tipo di-marte che si affida ciecamente a canoni puramente ludici. Tor-niamo molto spesso a contemplare le nostre precedenti opere osservando come si possano rappresentare le nostre diverse rappresentazioni nel tempo. Lo squilibrio la cura? Focalizzan-do l'attenzione sulle loro possibilità orme se fossero una poten-te medicina per la nostra sensibilità psicosomatica, cerchiamo di sentire come la nostra pittura va ad agire sull'intero campo dei nostri malesseri quotidiani. Attraverso quali linee e quali colori e forme dipingiamo o disegniamo quindi le forze agenti che dalla vostro opera di medicina s'irradiano terapeuticamente in tutto quanto il nostro certosino lavoro.

Cerchiamo e poi scriviamo delle nuovissime parole che sinteticamente possano descrivere l'evoluzione dinamica ed energetica dei nostri quadri. E chiudendo gli occhi cerchiamo di portarli in quel preciso spazio interiore del nostro cuore e qui vitalizza I moli con il respiro la parte curative osservando come rende tutto quanto piu vitale. Queste fasi richiedono una forte volonta di luce che sorpassi ogni nostra identificazione con il malessere ed anche con le emozioni negative che inconscia-mente vi associamo.

Come per esempio, autocommiserazione, vittimismo, eccetera. Dobbiamo essere totalmente affermativi ripetendo un profondo si che penetri nelle nostre fibre più sottili in tutto quanto il no-stro essere di creative al termine di ogni dipinto che pensiamo come esercizio ringraziamo fiduciosi ed ossequiosi l'esistenza il dipinto oppure il disegno poi deve essere bruciar recitano una spontanea preghiera di guarigione per tutti quanti gli esseri

umani. I migliori risultati possono essere ottenuti però ripetendo queste tecniche almeno per alcuni giorni di seguito e sempre
certosinamente applicati ed altrettanto fiduciosi di esistere. I
colori sulle spalle di un vero gigante stacanovista di nome Erasmo.

La pittura figurativa secondo me e troppo riduttiva perché hai un canovaccio a cui ti devi attenere sempre mentre la
pittura astratta quella informale ed anche quella concettuale e
un'arte partorita solo dalla mente in forma liberissima ed
esprime i concetti che stai via via pensando mentre dipingi
quindi lo stato d'animo si donde con la fantasia che possiedi ed
armonizza con la tua memoria nella consapevolezza e ricerca di
armonia verso il tentativo senza rete di scorta del bello ma puoi
anche dipingere un cancro. La capacità relativa dell'essere
umano e un precisissimo dono, infinitamente prezioso, ed anche la via natural per poter convogliare la straordinaria energia
di cui e in vestirò in tale modo egli puo cosi elaborare un proprio ed indispensabile percorso esistenziale e siamo quanto ri-
guarda la comprensione di se sia nell'estrinsecazione Oggettiva.
La Creativita quindi per l'essere umano e un bisogno irrinun-
ciabile e propriamente motive dai progetti animi che anche se
spesso ignorati sono alla base della sua esistenza. In pratica
cerco di proporre i toni di colore e le forme della mia memoria
sui temi studiati relativi alle tante difficolta emotive comportamentali e relazionali che affliggono cosi tante persone e contro gli stigmi delle psicosi. Le versioni pittoriche si prefigge-
rebbero di poter in qualche modo allargare gli ambiti e le varie
modalità incerte di svariate applicazioni delle indinita di arti
terapie che sono state studiate nei tempi da tanti autori di libri e

che grazie alla versatilità di queste persone che sono pittori oppure artisti essi stessi e nello stesso tempo anche insigni docenti universitari delle tante discipline che hanno potuto molto bene approfondire. Dai libri che ho studiati ne scaturisce un largo ventaglio di straordinarie indicazioni, suggerimenti ed anche concrete proposte operative senza pari nel panorama italiano ed anche europeo dove mi sembra che stia maturando. Una crescente e sempre di piu sentire consapevolezza delle eccezionali possibilita offerte dalle arti terapie di cui sono un'appassionatissimo.

Sognavo sempre di poter dipingere vascelli che solcavano i mari procellosi e devo dire che all'inizio ero totalmente figurativo facevo barche, fiori, paesaggi, insomma come tutti quanti, penso, con me c'era pure una bambina di nome Grazia Giannini, cominciammo insieme lei disegnava gli abiti per le sue bambole ed adesso e la migliore stilista disegnatrice di abiti da cerimonia, ha un'atelier fornitissimo e bellissimo di sua proprietà. Credo di poter dire che amo, profondamente i colori, penso che sia paragonabile ad una bella sbornia.

Cerco di poter studiare ancora tutte quante le virtu energetiche dei toni di colore che come uno spartirò musicale fatto di note io lo faccio di forme mnemoniche. Credo anche forse ingenuamente che conformino l'intera esistenza come se appartenessero a dei piani divini. Vestirei ogni cosa che ho intorno di tantissimi colori ed ovviamente di conseguenza di moltissima brillantezza. Ho letto tantissime volte che sono esistiti tantissimi veggenti che affermavano di colta in volta che le anime sono attratte dai colori. Nell'incarnazione attraverso vi-

90

brazioni cromatiche, e queste letture le conservo nitide nella mia mente ogni volta che posso fare un piccolo disegno oppure un grande dipinto. Quando mi guardo attentamente intorno io vedo sempre colori e penso che ovunque ci sono loro possono palpitare anche tante forme di vita. Vedo la quotidianità riflessa in un enorme arazzo immenso a tal punto con l'invisibile spola dello Spirito, che continuativamente intesse con filamenti innumerevoli.

Ma tutti quanti rigorosamente intinti dei colori della vita, e sono essi che finiscono con l'inscenare i destini universali. E quindi modellano quadri dalle sfumature inesauribili e che fioriscono continuativamente poi mutano ed infine si disfano e poi ancora si ricreano. Dato che la ricchezza sensibile della natura prospera sempre nei segnali variopinti che annunciano la segreta intelligenza della creazione. Questo poiché ogni colore e si fatto io segno di una precisa presenza, dell'anima e di cui ci mostra semplicemente gli attributi ed anche i sogni nascosti. Penso molto spesso a quella strana cosa che si chiama arcobaleno che e un simbolo che congiunge la terra al cielo con la mia fantasia inarrestabile. Con tutte quante le sue bellissime bande cromatiche che rivelano la scala dell'Unita. Ed infatti i suoi colori che corrispondono a quelli dei sette Chakra sono l'emblema dei sette livelli cosiddetti della complessita vibrazionale del mondo. Quindi nell'organicita del tutto ogni piano e un regno di manifestazione che ha leggi. Ed anche misteri specifici i quali sono estrinsecazione di un potere dinamico che di grado in grado ricerca la completezza. Vedo i sette colori fondamentali mentre si intrecciano e si scambiano l'uno con l'altro. Come se fisse un tipo di innamoramento Universale, ma che origina miriadi di sfumature e di sogni dell'esistenza e che s'incarnano nel corpo vivente della Natura. Sono forze tanto misteriose quanto inesauribili ma che muovono tutte quante dal grembo della Madre Terra.

Dalle Indinite progenie battezzandole sempre e solamente nel colore. Ecosi che nascono allora i minerali, e quindi la mineralogia che tanto amo. Le piante, gli animali, gli uomini, ed ogni altra cosa direi. D'altra parte da sempre gli uomini che popolano la terra si sono vestiti con degli abiti aventi dei colori molto sgargianti. Questo e da capire come se fosse un omaggio alle forze vitali.

In oltre mezzo secolo di studi e sperimentazioni che coinvolgono educazione e riabilitazione con tentatici di grazia suadente della rappresentazione dove l'astratto l'informale ed il concettuale pittorico che creo guarda a pochissimi ma significativi elementi poetici. Cercando sempre di poter dimostrare i vari giochi prospettici delle mie forme dipinte e tutti quanti i possibili passaggi tonali od almeno tutti quelli che credo possano conferire alle mie scombussolanti composizioni sempre è sistematicamente in dosi industriali un vero e dignitoso senso di serenita. Oppure se permettete di magica sospensione del tempo tra toni di colore e forme della mia memoria qualsiasi scorcio di forma concettuale cerco sempre di poterlo impreziosire con un tipico gioco sapiente e certosino di misuratissima pazienza delle ombre e della luce.

I miei disegni quelli geometrici sono per far capire il rigore e la mia sincerita nell'ancora credere nell'arte e non ci sono nessunissima possibilita e i imbrogliare sono fatti con lapis e gomma da cancellare e la solita fantasia per le forme piu strane dettate dall'inconscio.

Salvador Dali diceva sempre, un quadro o e bello oppure e brutto ed in queste parole credo proprio che siano racchiuse tutte quante le essenze delle mie ricerche stilistiche sperimentati e educative e riabilitative.

Mi sento ancora a 65 anni oramai un livornese diventato dal 7/10/1976 un Pisano d'adozione, che ho cercato di dedicare la mia monotona vita allo studio delle opere d'arte di tantissimi maestri come Emilio Vedova.

Creando una quotidiana e continua ricerca e quindi anche perfezionamento della pittura astratta informale concettuale e geometrica industriale come dal mio diploma in meccanica e macchine utensili per l'industria e l'artigianato.

Le ragioni delle mie piu svariate ragioni di studi e delle conseguenti scelte perseguite con un decisamente ardore diciamo insolito e con tantissimi e quasi infiniti risultati visivi di una certa suggestione cromatica sorretta da forme dettate dalla mia tracimante fantasia, incorreggibile, ridondante ed estremamente logorroica.

Stendendo l'Arte sugli T-Shirt

Inedite raffigurazioni cromoterapeutiche da mettere sulle magliette con i Plotter come ho fatto tantissime volte ho portato in mostra personale T-SHIRT da designer. La mia pittura stesa sulle maglie di varie tessuti rende particolarmente suadente la vaghezza dei confronti tra cromie e contorni sostenute dalle forme della mia fantasia. Dipingere, dando l'apparenza fantasmatica e movimentata alle forme gestuali e fluide delle sperimentazioni concettuali. Poi pellicola remante i colori in simbiosi dinamica e fluida quanto piu possibile. Solamente da ultimo rischiando il tutto per tutto cerco di inserire i puntini e le linee ma inserendole solo nei punti che sono anemici di concettualita cercando di rinvigorirei come meglio posso senza andare fuori tema. Le mie forme appaiono sempre come assorte in determinati silenzi sospesi e misteriosi. Se sono particolarmente attento cerco degli effetti ottici sempre stranianti per una condizione visiva. I colori li stendo come se fossero presenziativi di un evento imprecisato di emozioni fluide e pulsanti.

Forse cerco solamente dei fantastici e fantasmagorici tramonti che lo possano avvolgere completamente e cosi in quadro si difenderà da se.

Cerco sempre una precisissima tematica che sia solo mia e di fuori da qualsiasi tradizione conosciuta. Cerco anche di di attualizzare certi classici soggetti dell'espressionismo strato ma in una poetica del tutto personalizzata e riabilitativa. A livello compositi o e da sottolineare la fluidità ed anche l'equilibrio formale che si stabilisce in punti luce riflessi nell'insieme visivo e nella conturbante bellezza e ricchezza dei vari contrappunti energetici cromatici.

Risveglio e il titolo di una di queste mie strane opere realizzata pensando semplicemente al risveglio di tutti i giorni ma a cielo completamente sereno dove le macchie scure rappresentano il paesaggio di suadente realizzazione pittorica e di contenuto intensamente lirico.

Presento un cielo appena velato di nuvole rosate e che occupa magicamente l'intero spazio pittorico a disposizione. Tramite una stesura gestuale nervosa ed abile quanto basta per creare una decisissima cromie di consistenza quasi acquarellosa. Offro la resa visiva dimuna luminosita diffusa e consistente, confermandosi dotata di una certa tecnica complessa ed ineccepibile direi. Questa ricerca e della tutto eccezionale a livello tecnico. La qualita dell'esecuzione sta in fatti in una tecnica rara e che ha trascorsi veramente antichi. Ascoltando brani di Music Therapy faccio una qualita d'immagine delicatamente apollinea sulle tante note a cascata che mi emozionano. Inevitabilmente policromatica come piace a me lavorare ma di grandissimo vigore segnico. Sviluppandosi in una apparenza di solida plasticita colodisfica e grazie ad uno sfumato sapiente ed ad un disegno concettuale ineccepibile. In ogni essere umano brilla un lume parziale di coscienza che e solo un riflesso della coscienza Universale. Quindi tutti quanti noi luccichiamo in linee di immedesimazione energetica. L'impulso animico condensando in una direzione focale illude la coscienza originaria. Una serie di pitture che attivano le virtualita energetiche e terapeutiche. Inoltre stimolando la chiarificazione delle idee che abbiamo su noi stessi e sul mondo.

Questi disegni possono aiutarci a ricapitolare le nostre attitudini. Avviando l'energia in modo più oscene verso nuovi orizzonti. La creativita meditative s'incontra in luoghi magici ed inesplorati. Che sono semplicissimi specchi multidimensionali delle nostre anime. Allora con gioiosa spontaneità ammainiamo leggeri e decisamente godiamo i nostri viaggi tra i toni di colore e forme. Perché l'arte aiuta tanto Erasmo? Perché e una tecnica che ci permette di poterci isolare e comprendere meglio noi stessi al di la della maschera che portiamo.

Per questi motivi ho creato tantissimi e particolarissimi dipinti come se fossero degli esercizi. Cercando sempre di poter dimostrare i vari giochi prospettici delle mie forme dipinte e tutti quanti i possibili passaggi tonali od almeno tutti quelli che credo possano conferire alle mie scombussolanti composizioni. Sempre è sistematicamente in dosi industriali un vero e dignitoso senso di serenita, oppure se permettete di magica sospensione del tempo tra toni di colore e forme della memoria. Qualsiasi scorcio di forma concettuale cerco sempre di poterlo impreziosire con un tipico gioco sapiente e certosino di misuratissima pazienza delle ombre e della luce. I miei disegni quelli geometrici sono per far capire il rigore e la mia sincerita nell'ancora credere nell'arte e non ci sono nessunissima possibilita e imbrogliare sono fatti con lapis e gomma da cancellare e la solita fantasia per le forme piu strane dettate dall'inconscio.

Lavorando con disabili

Nelle arte visive dato l'approcio personale tranquillo e contemplative necessario alla creazione si aprono ampie arie di esplorazione interiore. Queste Esperienze interiori sono particolarmente preziose, per coloro che usano l'arte nel lavoro con persone disabili. Le altre forme d'arte infatti richiedono quasi sempre un'altra persona per avere un incontro complete con cio che quella forma d'arte puo dare. Nelle arti visive invece noi possiamo fornire gli strumenti, la conoscenza dei materiali e l'esperienza con il disegno e la pittura. Il che permette alle persone di portare con se ovunque vadano le risorse potenziali per continuare a lavorare ed a creare. Abbiamo percio la magnifica opportunita di arricchire le loro vite ed il loro potenziale creativo. Le arti visive permettono di lavorare in solitudine anche in mezzo ad una folla. L'occhio del artista vede, percepisce e sente continuamente l'atmosfera che lo circonda. Se la persona o le persone con cui iniziamo a lavorare mancano della pace interiore necessaria per queste esplorazioni, possiamo concludere tra I nostril obiettivi presentando le sedute di arti visive. Il raggiungimento di questa tranquillita nel nostro mondo frenetico tutti possiamo trarne beneficio da una maggiore pace interiore. Questa pace nasce dalla conoscenza di se ed anche dal fatto di poter apprezzare l'impronta creativa individuale ed unica di ogni persona che assavolta puo dare delle ottime opportunita per migliorare la fiducia in se stessi, ed anche L'autostima. La meravigliosa bellezza dell'arte in tutte le sue forme sta nel fatto che i sentimenti dell'uomo vengono coninvolti in maniera primitiva senza ascensore e fluire nelle emozioni essenziali per l'esperienza artistica, Freud, Jung, Platone, Aristotole, sono solo Quattro dei pensatori che hanno dato una definizione chiara del valore dell'arte. Nella crescita dello sviluppo del'uomo, Freud ha migliorato la nostra conoscenza del inconscio e della necessita dell'essere umano di avere una vita piena sia consia che inconscia. I sogni sono fondamentali per la salute di una persona. L'artista sia egli professionista oppure dilettante, inesperto gode di un particolarissimo benessere. Quando crea immagini visive, grazie alla sua capacita di attingere dal inconscio. E quindi di poter esprimere in tratti, colori e forme, un impronta che e esclusivamente sua e che nessun altro potra mai produrre, nello stesso modo. L'artista e da sempre un termometro della salute di un societa. In oltre e dal lavoro dell'artista che gli antropologi, gli storici, gli archeologi, ecc, tragono quelle deduzioni per noi tanto importante per capire come e vissuta l'umanita. Degli scritti ben poco e soppravissuto ai secoli di storia umana. Gli attori muoiono, la musica

98

sopravive e pure cambia. Con ogni persona che la canta oppure la suona. Si anche l'arte cambia, tuttavia la scultura, l'arte della ceramica, l'oreficeria, ed I lavori fatti con altri metalli, sono sopravissuti ai terremoti, agli incendi all'usura e dal tempo, c'e giunta da altri secoli l'informazione visiva che alcuni strumenti venivano usati per fare musica che alcuni tipi di teatro erano importante per la gente di particolari epoche e che I governi erano organizzati in determinate forme. In sostanza cio che sappiamo in usanza umana e il risultato del lavoro di artisti e di artigiani di specifiche epoche e culture. Malgrado le spesso insormontabili barbiere, della creativita, l'artista e da sempre una persona che ha sete implacabile di sapere, vedere, sentire ed esprimere attraverso la sua opera cio che prova. L'arte di ogni periodo storico di norma di accenni piu avanti alla arcale evoluzione sociale. L'arte che precedette la rivoluzione in Russia e quella Francese sono solo due dei molti esempi che si potrebbero citare. Questa reazione e il risultato di un fenomeno simile al posesso di un sesto senso. Per l'artista professionista puo essere tanto una benedizione quanto un peso. In quanto la capacita di rispondere, registrare ed interpretare il mondo che lo circonda non puo essere spenta come una lampadina.

L'artista non ha orario di lavoro e non va mai in vacanza. L'arte e un modo di vivere, non un modo per vivere. La mente creative lavora a tempo pieno anche quando parla con le muse dell'ispirazione artistica durante il sonno. Ogni artista puo attestare che quando si crea un disegno oppure un dipinto nascono idée per altre 10 o piu opera. Il prodotto finale e un grande successo. Altre volte un grande fiasco. Ma non importa cio che importa e continuare a scoprire. Questo processo e cio che dobbiamo condividere con I nostri utenti. Come ho osservato Fred Jettings, ne 1966, l'arte ha valore per la sua capacita di perfezionare la mente e la sensibilita, piu che per I suoi prodotti finali, dato che nel esperienza artistica ci sono un notevole coingimento emotive e lo sviluppo di capacita, di vedere e di sentire profondamente diventa piu semplice capire, quanto sia importante incoraggiare l'esperienza delle arti visive nelle persone disabili.   Insegando alle persone a vedere cio che le circonda ad esprimere le emozioni ed affermando continuamente il fatto che loro e soltanto loro possono tracciare quei particolari segni sulla carta o sulla tela.   Queste persone hanno maggiori opportunita di conoscere se stesse ed il loro diritto di essere rispettate e di volersi bene. Usare tratti, forme e colori e ogni volonta un incontro emozionante. Quando si aggiunge il colore, l'emozione e ancora piu grande. E importante conoscere e credere nella capacita dell'arte di coinvolgere i sentimenti umani poiche molto spesso di mettere sulla carta dei tratti o dei colori puo produrre delle reazioni emozionali catartiche nella persona che crea la sua eccitazione. Le lacrime e le frustrazioni vanno trattate con molta delicatezza, sicuramente no ignorate, queste infatti sono parte integranti del processo artistico. E l'arte e senz'altro fondamentale mettere alle persone con cui lavorare di migliorare il loro modo di vivere. La creativita e un elemento ancora misterioso della mente umana. Nel corso dei secoli si e tentato di capire, spiegare, ma tutt'ora gli studiosi ammettono che sis a ben poco di cosa sia la creativita. La letteratura e la ricerca suggeriscono tuttavia che l'attivita creative e fonte di opportunita coperta di se di sviluppo personale. Troppo spesso pero le persone in qualche modo disabili hanno pochissime o nessuna opportunita di realizzare le loro potenzialita. La procedura e talmente semplice che a volte mi sorprendo, che per cosi tanto tempo, I materiali per l'arte siano stati da qualcuno fraintesi, sporchi, occore molta pulizia e talvolta minacciosi. L'esperienza artistica viene cosi negate a persone che ne potrebbero beneficiare enormemente.

"Io mi sento solamente un grande appassionato d'arte infinitamente devoto a tutto quello che ci possono regalare i colori ma ho fatto tutto quanto da me quindi semplicemente autodidatta come quello che stacca con il vapore acqueo i francobolli dalle lettere e li conserva amorevolmente."

Libri da riferimento

LA CROMOCUCINA
IL CORPO CHE RIDE
SEGRETI MENTALI DI SALUTE BELLEZZA RILASSA-
MENTO
LA IRIDOLOGIA
MUSICOTERAPIE
BAGNI DI BENESSERE CON I COLORI
IL FASCINO DELLA SEDUZIONE DATO DAI COLORI
FLORITERAPIA
BENESSERE E SALUTE CON LE CROMIE
RIFLESSOLOGIA CROMATICA
IL COLORE QUANDO GUARISCE
MEDITAZIONI CON I COLORI
IL DESTINO DENTRO AL COLORE PREFERITO
IL FUTURO IN UNA GAMMA CROMATICA
MANUALE CROMOTERAPEUTICO
TONI DI COLORE E FORME CHE CI GUARISCONO
INTERPRETAZIONI DI SOGNI E SIMBOLI
LA PERSONALITÀ CROMATICA
LE PREFERENZE DI DERTI COLORI PSICOSOMATICI
DIMMI QUALE COLOREBTIMPIACE E TI DIRO'CHI SEI
TRATTAMENTO DEI CANALI STRAORDINARI
L.LAPI. EFFETTO PRANA
F.ATTALI   METEOROLOGIA E SALUTE
R.B.AMBER

CROMOTERAPIA K.RAPHAELL
CRISTALLOTERAPIA K.RAPHAELL CRISTALLOTERA-
PIA
L.BENCE
M.MEREAUX   MUSICOTERAPIA
B.LEBAZ ACQUABUILDING
M.QUENRIN LE MEDICINE DEI CELTI
O.WEST   Le medicine dei massaggi
M.M.MIJNKIEFF   FISIOTERAPIA
ODTO BOTANICO DI GINEVRA
FARMACI DALLA NATURA
M.TURGEON RIFLESSOLOGIA
P.GERMAIN MI IMSNFO EQUILIBDIO BENESSERE
I LIBRI DELLE ALTRE SCIENZE XENIA EDIZIONI
CULTURAL FUSION ART THERAPHY

Finito di stampare
Nel mese di luglio 2014
© 2014 Irda Edizioni

Lulu Press
3101 Hillsborough St.
Raleigh, NC 27607 | U.S.A.